W0210021

SV

Darja Serenko

Mädchen und Institutionen

Geschichten aus dem Totalitarismus

Aus dem Russischen
von Christiane Körner

Suhrkamp

Die Originalausgabe von »Mädchen und Institutionen«
erschien 2021 unter dem Titel *Devočki i Institucii*
im Verlag No Kidding Press, Moskau.
Die Illustrationen stammen von Xenia Chariyeva.

Der Textzyklus »Ich wünsche Asche meinem Haus«
(»Ja želaju pepla svoemu domu«) wurde aus dem Manuskript
übersetzt und ist auf Russisch bislang unveröffentlicht.

Die Übersetzerin dankt dem Deutschen Übersetzerfonds (DÜF)
für die großzügige Unterstützung.

Klimaneutral
Druckprodukt
ClimatePartner.com/14438-2110-1001

Erste Auflage 2023
Deutsche Erstausgabe
© der deutschsprachigen Ausgabe Suhrkamp Verlag AG,
Berlin, 2023
© der Illustrationen Xenia Chariyeva
Alle Rechte vorbehalten. Wir behalten uns auch eine Nutzung des
Werks für Text und Data Mining im Sinne von § 44b UrhG vor.
Satz: Dörlemann Satz, Lemförde
Druck: Pustet, Regensburg
Printed in Germany
ISBN 978-3-518-43137-5

www.suhrkamp.de

Mädchen und Institutionen

Als ich meine erste Stelle in einer staatlichen Einrichtung antrat, sah ich zunächst einmal nur Mädchen. So nannten sie sich selber – Mädchen, wobei sie von der Ausruf- zur Frage-Intonation wechselten, je nachdem, welche Katastrophe gerade über sie hereinbrach. Und Katastrophen – auch das wurde mir gleich klar – waren ein untrennbarer Bestandteil unserer instabilen Alltagskosmogonie, die alle möglichen Anstrengungen unternahm, um im täglichen Arbeitsplan Wurzeln zu schlagen.

Wir arbeiteten in einer kleinen Bezirksbücherei in einem Büro ohne Fenster. Die Computer der Mädchen wirkten größer als die Mädchen selbst. Manchmal waren die Mädchen hinter den riesigen Monitoren und den brummenden Rechnern weder zu sehen noch zu hören – wenn man sich einer lebendigen menschlichen Mitpräsenz vergewissern wollte, musste man aufstehen. Die fehlenden Fenster sollten offenbar durch eine Fototapete kompensiert werden, die die ganze Wand einnahm: tropische Pflanzen und ein wilder steiler Wasserfall, der schäumend herabstürzte – ein Bild, das tagaus, tagein nicht an frische Luft, sondern an vertikale Hierarchien denken ließ.

Für die Mädchen gehörte ich gleich dazu. Ich versuchte eine Zeitlang nach alter Gewohnheit, meine körperliche Autonomie zu bewahren, alleine zu Mittag zu essen, alleine im Bus zur Metro zu fahren, aber sehr bald sah ich in dieser Selbstständigkeit keinen Sinn mehr. Mein Leben war damals ebenfalls eine Katastrophe, weshalb ich mich auf der Arbeit wie zu Hause fühlte, nämlich mal heiter, mal panisch; die letzte Grenze zwischen Privatem und Öffentlichem verwischten dann Alkohol und Deadlines. Oft wurden die Mädchen und ich zu einem einzigen funktionalen, vielarmigen und -beinigen Wesen, triumphierend, allmächtig und zerstörerisch – und in solchen Momenten spürte ich meine Schwäche und die wackligen Knie nicht mehr.

Doch wenn ich die Mädchen studierte, wenn ich sie aus meiner Spinnenecke heraus beobachtete, ertappte ich mich oft bei reflexhaften Urteilen – ein wenig von oben herab, ironisch, zärtlich verniedlichend, strickte ich am Mythos weiblicher Kollektivität. Ich rechtfertigte das mit meinem Sonderstatus, ich war ja nur vorübergehend hier. Manchmal, wenn ich sie betrachtete und in düsterer, kleinlicher Stimmung war, kam es mir vor, als existierten die Mädchen nur von der Taille aufwärts, und unterm Tisch gäbe es sie gar nicht, da wäre bloß ein Geflecht bunter Kabel für den Datentransport. Es ist natürlich möglich, dass ich Frauen nach wie vor hasste, statt mich bloß zu ihnen hingezogen zu fühlen. Oder womöglich war die Einzige, die es damals unterm Tisch nicht gab, ich selbst.

орлы и
пел во чреве
мы никогда не говорим
я люблю чёртово колесо
тебя нет меня ты волнуешься
а волны третьей были пламенем
второпях там где качели на
не дыши не дыши дыши не
они пришли

***

Einmal liefen die Mädchen und ich stumm durch den herbstlichen Großstadtpark. »Es fällt mir immer schwerer, meinen Staat zu hassen«, sagte ich nebenbei, ohne groß nachzudenken. »Du wirst eben eine von uns«, antwortete eine von ihnen.

Wir haben nicht immer im Büro gearbeitet: manchmal verteilten wir alte Bücher in den Straßen der Stadt, hängten frischgekaufte russländische Flaggen an Bäume und umtanzten sie Hand in Hand mit verwirrten Bürgern. Andauernd taten wir in unserer Realität neue Portale auf – und gerieten auf endlose Festivals, deren Kostenpläne wir nie zu Gesicht bekamen. Auf den Festivals erfüllten wir öffentliche Aufträge: bauten aus Stöcken, Schlamm und Scheiße mit bloßen Händen Pavillons, fälschten die Statistiken menschlicher und tierischer Besucher, konnten aber auch zufällig in institutionelle Abgründe schauen, die normalerweise mit Dokumenten und Klamotten zugedeckt waren.

Abgründe gab es viele. Wenn man die Dinge nicht zu verbissen sah, konnte man sich im Großen und Ganzen eine recht angenehme Zeit machen. Wir gingen alle zwanzig Minuten eine rauchen. In unserem Büchereikühlschrank lagen zwei Flaschen Wodka – eine für alle Fälle, eine für einen schwarzen Tag. Zufällig trat dann beides gleichzeitig ein.

Es war mein erster »Tag der Kulturschaffenden«. Man geleitete uns ins nahegelegene Haus der Kultur und verbot uns allerstrengstens, das Gebäude zu verlassen. Wir hielten das für einen Scherz, verließen das Gebäude also nicht und blieben in gehobener Stimmung. Schließlich drängten uns Männer in engen Anzügen in einen mittelgroßen Konzertsaal und schlossen die Tür. Das Licht erlosch.

Unter alarmierenden Fanfarenklängen erschien eine Moderatorin mit üppiger Frisur und rezitierte gefühlvoll Gratulationsverse für uns. Dann bat man eine Band aus unserer Jugend auf die Bühne – so wurde sie jedenfalls angekündigt. Gespannt erwarteten wir mindestens t.A.T.u.

Mir war schon den ganzen Tag mulmig – und beim dritten Lied des Vokal- und Instrumentalensembles »Singende Herzen« bekam ich tatsächlich meine Tage. Ich zwängte mich durch die Reihen. An der Tür wurde ich von zwei Security-Leuten aufgehalten: sie hätten den Befehl, niemanden hinauszulassen, unter keinen wie auch immer gearteten Umständen, denn die Künstler würden schließlich aus staatlichen Mitteln bezahlt. Die Kulturschaffenden hätten nicht fortzugehen, sondern sich zu amüsieren.

Nachdem ich auf dem staatlichen Samtbezug des Sessels gezwungenermaßen einen Blutfleck hinterlassen hatte, kehrten wir Mädchen ins Büro zurück und stellten beide Wodkaflaschen auf den Tisch. Ich muss gestehen, dass die Lieder dieses Nachmittags in meiner Erinnerung jetzt wirklich zu Musik aus unserer Jugend geworden sind. Und amüsiere mich.

***

Ganz ehrlich, zu lügen machte den Mädchen und mir keinen Spaß. Zumal wir es auch nicht richtig gelernt hatten.

Einmal sollten wir den Anschein erwecken, dass wir eine Massenveranstaltung durchgeführt hatten, die es aber gar nicht gab. Weil das Kulturressort noch am selben Tag Fotos interessierter Besucher von uns wollte, holten wir Leute von der Straße herein, indem wir ihnen Tee mit Zucker und Gebäck versprachen. Die Leute dachten, wir würden eine Trauerfeier abhalten, saßen still am Tisch und krümelten sorgfältig in ihre Servietten.

Ein anderes Mal baten die Mädchen einen Mann von der Security, sich in ein Flauschtuch zu hüllen und auf einen Stuhl zu setzen. Das wurde zum dramatischen Foto einer einsamen Frau mit Umschlagtuch in einem leeren Saal. Irgendwie brachte der Security-Mann mit seinem Körper sehr treffend den erforderlichen Gender-Ausdruck zustande. Als Beleg war das Foto zwar unbrauchbar, aber dafür war es expressiv: wer ist diese Frau? was hat sie sich dabei gedacht, als sie noch so eine von oben angeordnete, aber gar nicht existente Veranstaltung besuchte? wie lange sitzt sie schon da?

Ein paar Tage später feierten wir den Abschied eines Mädchens, die in Rente ging. Am gedeckten Tisch stritten wir, wer sie am meisten beneidete. Wir kippten Wodka direkt in den Tee, schnatterten unablässig »zum Wohl«. Das Mädchen richtete einen spöttischen, betrunkenen

Blick auf uns. »Das ist meine Trauerfeier«, sagte sie. »Holt Leute von der Straße rein, solange ich noch hier bin.«

***

Einmal schnitt ich mich an meinem Gehaltszettel. Ein roter Fleck breitete sich auf den bescheidenen Ziffern meiner Bezüge aus. Die Mädchen sagten, an meinem Geld klebe jetzt vor lauter Schufterei wirklich Blut.

Ich schätzte schnell, wie viel unvergossenes Blut noch in mir wäre, und überlegte, dass meine Bezüge sich vielleicht auf magische Weise erhöhten, wenn ich mich beim nächsten Mal ein bisschen tiefer schneiden würde. Doch obwohl mein Gehaltsvorschuss im Monat darauf sogar gleichzeitig mit meiner Menstruation kam, gab es nicht mehr Geld als vorher.

Im Umgang mit kleinen Summen waren die Mädchen routiniert. Schon im Sommer legten sie Geld für Winterschuhe beiseite. Sie brachten ihr Essen in winzigen Boxen mit und aßen nur zweimal am Tag. Manchmal kamen Handelsagenten in unser Büro: so erfuhr ich, dass man dieses Wort bis heute für lebende Menschen benutzt. Die Handelsagenten verteilten Strumpfhosen, Socken, Schmuck, Parfüm und Slips auf unseren Tischen. Wenn uns nichts davon gefiel, öffneten sie einen weiteren Koffer und holten lange Streifen Dörrfleisch oder -fisch heraus.

Jeden Tag kam unweigerlich der Moment, wenn die Mädchen sich auszogen: sie lüpften den Rock, um die rutschende Strumpfhose hochzuziehen. Legten den Blazer ab, ließen unterm Tisch die Pumps von den Füßen fallen, lösten Haarspangen und Zopfbänder. Die Mattigkeit war ansteckend: die Posen wurden ungezwungener, die Gesichter weniger fokussiert. Man sah, dass die Mädchen bald zu Hause sein würden. Und sie würden bis zum Schlafengehen genau drei Stunden haben, um sich das Essen für den nächsten Tag zu kochen, die Ausgaben für die zweite Monatshälfte auszurechnen, zu einem Date zu gehen, die Schulaufgaben durchzusehen, ein Glas Wein zu trinken, mit der Vermieterin zu streiten, eine Runde mit dem Hund zu drehen, zu masturbieren und mit den Mädchen am Telefon zu quatschen.

***

Was unterscheidet Mädchen von Institutionen?

Mädchen altern nicht.
Mädchen gehen zum Heulen auf die Toilette.
Mädchen verspäten sich und haben ein auf links gedrehtes Kleid an.
Mädchen werden von der Polizei vorgeladen.
Mädchen können Fick dich sagen.

Eines Tages wurden wir Mädchen gebeten, eine geplante Veranstaltung abzusagen und so zu tun, als hätte es sie nie gegeben. Die Ankündigung zu löschen und nie wieder davon zu reden. Mädchen, man hat euch gehackt, ihr braucht gar nicht so zu gucken. Mädchen, meldet euch krank, ihr sitzt in der Scheiße.

Man hat uns gehackt – also deshalb fühlen wir uns so schlecht. Die Finger gehorchen uns nicht, in den Ohren rauscht es, Vorgänge und Verträge hängen in der Luft. Jede von uns saß erstarrt an ihrem Arbeitsplatz und stierte auf einen Punkt. Wenn man das lange macht, wird einem schwindlig, und zwischen den Brauen sticht es bedrohlich.

Ein paar Stunden später manövrierten wir Mädchen uns langsam hinter den Tischen hervor. Unter jedem Schreibtischstuhl hatte sich ein Fleck aus technischer Flüssigkeit gebildet und verteilte sich auf dem grauen Teppichboden.

Meiner war himbeerrot.

***

Einmal haute es während eines Gewitters in der Bücherei die Sicherungen raus. Der elektronische Dokumentenumlauf stand still, das Deckenlicht ging aus, die Bildschirme erloschen. Uns legte sich in der jäh eingetretenen stromlosen Stille ein Druck auf die Ohren. Würden die Mädchen unter den Tischen tatsächlich aus verhedderten Kabeln bestehen, hätte es sie jetzt auch rausgehauen.

Wir waren uns nie sicher gewesen, ob wir bei der Arbeit abgehört wurden oder nicht. Vor einem halben Jahr hatte man eine kleine Kamera im Büro installiert. Einmal im Monat kam ein unscheinbarer stiller Typ, machte etwas mit der Kamera und ging wieder, ohne Fragen zu beantworten. Die Kamera wurde zu einem weiteren Mädchen – wir behandelten sie wie eine lebendige, nicht sehr sympathische Kollegin, in deren Gegenwart man gewisse Dinge besser nicht sagte.

Jetzt also stand der elektronische Dokumentenumlauf still, das Deckenlicht ging aus, die Bildschirme erloschen. Auch das rote Auge unseres Kamera-Mädchens war weg. Wir fingen alle an, schnell und tief zu atmen, als hätte unser Raum plötzlich ein Fenster gekriegt, das gleich darauf zerschlagen worden wäre.

– Ich habe eine Vorladung von der Polizei bekommen;
– Ich habe mich von meinem Mann getrennt;
– Diesen einen Vertrag habe ich draußen verbrannt;
– Meine Abrechnung geht nicht auf;
– Ich denke an Selbstmord;

– Ich erzähl irgendwas, haue hier früher ab und gehe zu dem Date mit ihr.

Wir liefen in das vom Himmel strömende Wasser hinaus. Unsere Hemden und Blusen waren sofort durchnässt, die Körper wurden durchsichtiger und konturierter. Wir freuten uns mitten am Arbeitstag aneinander und hofften, dass etwas Unwiderrufliches passieren würde: ein Kurzschluss, dann ein Brand; dass die Bücherei in Flammen aufgeht und während des Gewitters niederbrennt. Oder wenigstens, dass wir nicht zurückkommen und uns nie mehr wiedersehen müssten.

***

Einmal haben die Mädchen mich verraten. Ich mache ihnen keinen Vorwurf: manchmal laufen die Dinge in Institutionen so, dass man nicht anders kann. Wenn es also sein muss, soll wenigstens nur eine verraten werden.

Ich kam zur Arbeit und stellte fest, dass mein Schreibtisch woanders stand. Alle Mädchen saßen jetzt hinter mir. Ich hatte Angst, mich umzudrehen, obwohl ich spürte, wie mein Rücken unter ihren schweren Blicken ganz taub wurde.

Den ganzen Tag sprach niemand mit mir. Ich wusste nicht, was passiert war, mir war aber klar, dass ich vorerst nicht fragen durfte. Man hatte mich gewarnt, dass so etwas vorkommen könnte. Und instruiert, wie ich mich zu verhalten hätte.

Am Ende des Arbeitstages klingelte das Telefon. Es klingelte und klingelte, aber die Mädchen rührten sich nicht. Ich war es, die abheben musste.

»Guten Tag, sind Sie am Apparat?«
»Guten Tag, ja, das bin ich.«
»Man hat uns informiert, dass Sie letzte Woche nicht zur Arbeit erschienen sind.«
»Das muss ein Irrtum sein, ich war jeden Tag da, Sie können die Mädchen fragen.«
»Für wen halten Sie uns, die haben wir schon gefragt.«

So erfuhr ich, dass am Eingang des Gebäudes ein Gerät hing, das täglich die Anzahl der menschlichen Körper am Arbeitsplatz registrierte. Jedes Mädchen hatte sich die Woche über einen Tag freigenommen.

Nach dem Anruf schlossen die Mädchen einen festen Kreis um mich. Sie streichelten mir über den Kopf und die kalten Wangen, weinten, baten mich um Verzeihung und schlugen sich an die Brust. Ich sah in ihre teilnahmsvollen Gesichter und konnte sie nicht mehr voneinander unterscheiden.

***

Der 8. März kam, und es tauchten Jungs auf. Man kann nicht sagen, dass bis dahin gar keine Jungs da gewesen wären, aber ihre situative Kollektivität wurde nur am Frauentag sichtbar. Visuell verband die Jungs, dass sie alle eher dämlich aus der Wäsche guckten. Sie wirkten betreten und pressten festliche Päckchen an die Brust.

Die Mädchen wechselten Blicke und schoben schweigend freie Tische zu einem T zusammen. Die Gäste wurden hingesetzt, die Päckchen eingesammelt, die Torten angeschnitten. Eine halbe Stunde später tauten die Jungs auf und redeten schließlich lautstark von Dingen, über die nur sie Bescheid wussten. Hin und wieder unterbrachen sie sich, um einen Toast auszubringen:

»Auf die Frauen, ohne die die Welt homogen und homosexuell wäre!«
»Auf die lieben Damen, die lebenden und toten Heldinnen der postsozialistischen Arbeit!«

Als allen nur noch langweilig war, zog ein Mädchen sich die Langhaarperücke vom Kopf. Die Jungs merkten nichts, dafür waren wir hingerissen – es war, als wäre unsichtbar ein Vollmond über uns aufgegangen. Vor Männern ihr Haar abnehmen und offen auf den Tisch legen – hätte eine Frau sich das vor hundert Jahren erlauben können?

Wir waren hingerissen und wollten uns nicht eingestehen, dass sich mit dem Eintreffen der Jungs irgendetwas im Raum verschoben hatte. Das kommt vor, wenn die Seele für kurze Zeit den Körper verlässt, und du merkst es nicht, sitzt da und stierst auf einen Punkt, während aus deiner Nase fein säuberlich ein Tropfen Blut rinnt.

***

Kaum jemand konnte die Mädchen auseinanderhalten. Die anderen konnten sich natürlich merken, wer Natalja war und wer Darja, aber es war ihnen nicht im Geringsten klar, wodurch wir uns voneinander unterschieden. Im Eifer des Gefechts wussten wir selber nicht immer, wessen Hand oder Fuß das gerade war. Manchmal war es, als hätten wir auch einen gemeinsamen Magen, und allmählich brachten alle Essen mit, das zu dem passte, was die anderen Mädchen aßen.

Eine praktische Sache. Wir vertraten einander in Meetings, redeten die Chefs mit der gleichen neutralen Stimme an, die nicht ins Gehör drang, lauschten höflich den gereizten Besuchern, die versicherten, sie würden die Regierung stürzen, oder versprachen, aus ihrer mit Äpfeln gefüllten Einkaufstasche jetzt gleich eine MP zu ziehen und uns alle über den Haufen zu schießen.

Einmal bat mich der Chef nach einer der üblichen Besprechungen, bei der ich an der Reihe gewesen war, Natalja oder Darja zu spielen, in sein Büro. Es war dämmrig und roch nach feuchten Zeitungen und Kognak. Der Chef streichelte mir über Haar und Rücken. Ich krallte mich in die Lehne eines abgeschabten Ledersessels. Meine Handflächen waren im Nu verschwitzt.

Der Chef nahm seinen Mantel, sagte, er sei gleich wieder da, und ging hinaus. Meine Augen gewöhnten sich langsam an die schwache Beleuchtung: Die goldenen Buchstaben der Diplome und Dankurkunden wurden deutlicher, ich konnte sogar einen Abreißkalender erkennen, der schon mehrere Monate nicht abgerissen worden war.

Ich saß da fünfzig Minuten und ging im Kopf alle unsere Abrechnungen, Verträge, Vorgänge und Zusatzvereinbarungen durch. Die Putzfrau kam herein und bat mich, die Füße zu heben. Ich hob sie zu hoch – eine Pose wie bei der Untersuchung beim Frauenarzt. Die anderen Mädchen waren alle sicher schon zu Hause.

Die Putzfrau sah mich an, als wäre ich ein Schaf:
»Was sitzt du hier, geh heim, das macht er ständig so. Hat dich garantiert mit einer anderen verwechselt und es erst gemerkt, als du reingekommen bist.«

Ich nahm meine Sachen, hängte alle Diplome an der Wand um, riss die Kalenderblätter von vielen, vielen Tagen im Voraus ab

und fuhr nach Hause, in die Zukunft.

***

Nach einigen Monaten riss uns Mädchen der Geduldsfaden, und so kugelten wir, fest miteinander verknäult, in eine neue Institution.

Es kitzelte uns hinter den Ohren vor Freude. Wir malten uns etwas Neues und Großartiges aus, mit frischer Luft und großen Fenstern. Wir waren ganz aus dem Häuschen vor Selbstbewusstsein und sahen einander mit zuversichtlicher Zärtlichkeit an.

In der Galerie hatten sie ihre eigenen Mädchen. Wir mischten uns rasch unter sie und machten uns an die Arbeit. Unser Eifer rief Lob und Spott zugleich hervor. Einen Haken sahen wir darin nicht.

In unserem Büro gab es wirklich ein großes Fenster. Wir residierten im Parterre, und wenn das Fenster geöffnet wurde, füllte sich der Raum in Kürze mit dem Kellerlochgeruch des alten Hauses.

Dafür hatten wir jeden Tag Künstler um uns.

Mit den Künstlern stellten wir zweierlei an: die einen stellten wir in unserer Galerie aus, die anderen stellten wir höflich kalt. Zum ersten Mal fühlten wir uns als Herrinnen der Lage, köpften in der Mittagspause Champagnerflaschen. Wir hatten Spaß.

Wenn die Chefinnen-Mädchen uns beobachteten, interpretierten wir ihre starren angespannten Blicke als Fürsorge. Im kommenden Monat sollten wir eine fantastische Ausstellung eröffnen. Viele Menschen freuten sich darauf. Unsere Mädchenmagie verhalf uns dazu, das Ganze in kürzester Zeit zu organisieren.

Nicht lange vor der Eröffnung klingelte das Telefon, und die Frau des Künstlers teilte uns mit zitternder Stimme mit,
dass er gestorben sei,
dass die Beerdigung in ein paar Tagen sein werde,
dass wir dazu eingeladen seien
und dass die Ausstellung nicht stattfinde.

Ich rief eine der Chefinnen-Mädchen an, um ihr die schlechte Nachricht zu überbringen.

»Gestorben? Die Ausstellung wurde über alle Verteiler geschickt, die Info ist sogar ans Kulturressort gegangen. Ich kann doch nicht einfach etwas absagen, was schon ans Kulturressort gegangen ist.«
»Sie können ja nichts dafür, der Tod ist schuld.«
»Der Tod ist kein triftiger Grund. Ruft sofort die Witwe an und versucht, sie zu einer Gedenkausstellung für ihren Mann zu überreden.«

Und, gerechter Gott, wir machten es.

***

Eines Morgens kam ich als Letzte zur Arbeit und geriet gleich mitten in eine bemerkenswerte Diskussion. Es ging um die folgende Frage:
Sollte eine richtige Frau Gewerkschaftsmitglied sein?

Zurzeit war keine von uns Gewerkschaftsmitglied. Aber wenn die Männer aus anderen Abteilungen sagten: »Nicht so laut, wir haben heute Versammlung«, und die Saaltür hinter sich zumachten, beneidete ich sie natürlich. Von außen wirkte das, als würden sie den Durchschlupf zu einer anderen Raumzeit öffnen und eine spannende postsowjetische Reise antreten.

– Eine richtige Frau ist eine Frau, die man nicht sieht;
– Richtige Arbeit wäre dann auch unsichtbar, ja?;
– Gewerkschaften, also wirklich, das ist doch 1937 oder so was;
– Mein Kind ist krank, und ich muss schon wieder bis spätabends arbeiten;
– Kriegen richtige Frauen eine Arbeitsplatzbeschreibung?;
– Mein Chef hat sich oft genug die Hände unter meiner Bluse gewärmt;
– Ja eben, erst in die Gewerkschaft und dann in den Mutterschutz.

Im Mutterschutz waren zu dem Zeitpunkt schon zwei Mädchen. Sie hatten alle genervt. In unserem Büro mochte man Schwangere nicht. Schwangere Mädchen verloren rasch ihren Namen, da die Kolleginnen sie nur noch mit honigsüßen Kosenamen und Beschönigungen für ihren Zustand anredeten. Je mehr ihr Bauch wuchs, desto länger wurde ihr Arbeitstag. Aus Angst vor Vorwürfen arbeiteten die Schwangeren bis zum Tag der Geburt für drei.

– Ich finde, eine richtige Frau ist in erster Linie eine Frau, die ein Kind geboren hat;
– Und ich finde, es sollte eine Gewerkschaft für Frauen im Mutterschutz geben;
– Gewerkschaften sind doch keine Frauensache;
– Aber arbeiten gehen ist Frauensache, ja?

Die Mädchen diskutierten immer weiter, aber ich hörte ihnen nur noch mit halbem Ohr zu. Ich stellte mir vor, ich wäre schwanger: wie viele Stunden hätte dann mein Arbeitstag? wie lange könnte ich meinen Bauch vor dem Arbeitgeber verstecken? wäre ich eine richtige Frau? würde mein Staat die Vaterschaft des Kindes anerkennen? was würde ich mit so einem Vater machen?

Am selben Tag trat ich in die Gewerkschaft ein. Auf meine Fragen fand ich aber keine Antwort. Das Ganze wirkte öde und männlich, obwohl fast alle Gewerkschaftsmitglieder Frauen waren. Komischerweise hatte ich die früher nie gesehen.

***

Die neue Arbeitswoche begann mit zwei Ereignissen. Erstens wurde eine gerahmte Fotografie von W. W. Putin in unser Büro gebracht. Zweitens bekamen alle Mädchen eine E-Mail mit höchster Priorität:

»Alle in unserer Einrichtung beschäftigten Angehörigen des schönen Geschlechts werden gebeten, ihre Accounts in den sozialen Netzwerken Facebook, Instagram und VKontakte unverzüglich auf Fotografien unpassenden Inhalts zu überprüfen. Im Einzelnen sind das:

- Nacktaufnahmen;
- Aufnahmen in Unterwäsche;
- Aufnahmen in extrem kurzen oder tiefausgeschnittenen Kleidern;
- Aufnahmen, auf denen die Mitarbeiterin Alkohol trinkt.

Wir bitten um Ihr Verständnis sowie darum, Ihrer professionellen Reputation sowie der Reputation Ihres Arbeitgebers den nötigen Respekt zu erweisen. Ferner bitten wir Sie, die obengenannten Aufnahmen bis morgen 15:00 Uhr zu entfernen.«

Während ich mit dem Putin-Foto in der Hand dastand und mir den Kopf darüber zerbrach, was ich damit machen sollte, lasen sich die Mädchen die Mail gegenseitig laut vor. Eine zweite Mail ließ nicht lange auf sich warten:

»Dringend. Wir bitten, bis 13:00 Uhr per E-Mail den fotografischen Nachweis zu erbringen, dass die an sämtliche öffentlichen Einrichtungen ausgegebene Fotografie W. W. Putins vervielfältigt und dem gültigen Gebäudeplan gemäß in jedem Raum mit Publikumsverkehr angebracht wurde.«

Während die Mädchen sich darüber berieten, auf welchen Fotos ihr Ausschnitt rufschädigend für unsere Organisation sein könnte, beschloss ich, mich mit der zweiten Mail zu befassen. Also, es liegen vor: eine Farbfotografie eines bekleideten Mannes, ein Glasrahmen und sieben Räume mit Publikumsverkehr. Ich nahm das Foto aus dem Rahmen und suchte den Kopierer auf. Farbkartuschen waren schon monatelang nicht mehr geliefert worden, so dass ich nach dem Vorgang sechs Schwarz-Weiß-Kopien von W. W. Putin in Händen hielt. Sie mussten nur noch in den Räumen angebracht werden. In Ermangelung von Rahmen steckte ich die Kopien in Klarsichthüllen und befestigte sie an zentraler Stelle mit Klebeband an der Wand. Ein lakonisches und tragisches Bild. Ich hielt es mit meiner Handykamera fest und schickte die Fotos zehn Minuten vor 13:00 Uhr ab.

Nach einer Stunde merkte ich, dass ich nicht sieben, sondern acht Fotos geschickt hatte. Das achte war ein Nacktselfie, das ich am Tag vorher im Badezimmerspiegel gemacht hatte. Mir wurde heiß und kalt. Ich stellte mich innerlich auf einen Anruf ein.

Der kam aber nicht.

***

Wenn schon frühmorgens Wind in der Büroluft aufkommt, aber die aufgeladenen Kleider fest an den Beinen kleben – dann geht für uns Mädchen das Arbeitsjahr zu Ende, und der Tag des Betriebsfestes ist da.

Der Tag des Betriebsfestes ist einer zwischen den Welten, weder ist es ein Arbeitstag, noch hat man frei: Zuerst tut man acht Stunden lang so, als würde man arbeiten, danach tut man so, als würde man feiern. Betriebsfest ist Karneval: der Chef gießt dir Sekt ins Plastikglas, während du deine vergoldete Pappmaske zurechtrückst, die Pumps abstreifst und mit nylonbestrumpften Füßen auf die Schreibtischplatte voller Konfetti steigst. Das Betriebsfest ist wichtig für die Dynamik eines jeden Kollektivempfindens, weil dieser Tag einem das ganze Jahr über peinlich sein wird. Nichts ist stärker als die Solidarität, die sich gemeinsamen peinlichen Erlebnissen verdankt.

Wisst ihr, Mädchen, in solchen Momenten kapiert man, wie sehr man liebt. Ich liebe euch heute so sehr. Ich liebe eure Paillettenkleider, eure dicken Perlenketten, eure hochgesteckten Locken, ich liebe es zuzugucken, wie ihr euch eine schwere toxische Haarspraywolke aufsprüht und dann aus dieser Wolke herausschreitet. Ich liebe unser Land und unsere Arbeit so sehr. Ja, manchmal packt mich die Angst, manchmal glaube ich, dass ich reif fürs beschissene Irrenhaus bin, manchmal krieche ich unter den Tisch und halte mir die Ohren zu, doch heute sehe ich nur den Glanz. Heute werde ich auf der Bürotoilette kotzen und den Glanz sehen.

Das kalte Deckenlicht erlischt. Die Moderatoren testen die Mikrofone. Die Wettbewerbe starten. Es tanzt die Buchhaltung, es tanzt die Technikabteilung, es tanzt die Abteilung Projekte und Kulturprogramme. Heute tanzen wir alle und verzeihen einander.

Verschwitzt und knallrot tanzen wir Mädchen für alle mit. Wir möchten so vieles besser machen, so viel Wunderbares und Nützliches tun. Es heißt, erst der Mensch schmückt den Ort. Wir sind solche Menschen am richtigen Ort. Wir werden das System von innen verändern, werden es mit unseren Pailletten und Locken umgarnen wie kleine Spinnenweibchen. Wir gehen jetzt auf der Stelle zu unseren Chefs und sagen ihnen alles. Wir pochen an ihre Herzen, und es wird uns aufgetan, denn wir sind kluge und freie Mädchen mit schönen Gesichtern.

Wir rauchen ohne Jacke draußen im Frost – und sehen den Glanz. Wir halten uns gegenseitig die Haare aus dem Gesicht – und sehen den Glanz. Wir werden mit pelziger Zunge wach und holen uns ein Aspirin aus der Küche. Wir werden wach und denken: Mein Gott, wie peinlich.

Vor lauter Glanz tränen die Augen und schmerzt der Kopf.

***

Alle Mädchen glaubten an etwas, jede an etwas anderes. In den dunklen Zeiten vor der jährlichen Revision und Inventur, wenn der Boden unter den Füßen wegdriftete und die Wände vor menschlicher Berührung zurückschraken, wurden alle Geheimnisse des Universums durch Tröpfchenübertragung von Mädchen zu Mädchen weitergegeben. Mit fiebrigen Blicken folgten wir der Neuerschaffung der Welt:

Natascha verhängte das Fenster zum Schutz vor Kugelblitzen,
Sascha verteilte Knoblauchketten,
Olja energetisierte das Wasser aus dem Spender,
Dascha trug ein Stück Alufolie auf der Brust, über dem Herzen.

Aber die Zahlen stimmten trotzdem nicht. Alles ringsum war angetaut, nachgiebig und geschmeidig, nur die Zahlen nicht. Die Summen gingen nicht auf, die Inventarnummern stimmten nicht überein. Die Mädchen beteten und sagten wahr, entzündeten Kerzen und interpretierten Horoskope, lasen im Kaffeesatz, legten Tarotkarten, befragten Sprachassistenten. Von der allgemeinen Anspannung zerbarst das Bürogehäuse, und es enthüllte sich Zartes und Wichtiges: Wir sind Hexen, die sich verbergen müssen, wir sind Priesterinnen, die der Weltordnung dienen, wir sind Demiurgen, deren Schöpfungen sich der Kontrolle entzogen haben und nun unsere Kräfte auf die Probe stellen.

Kurz vor Mitternacht ertönte die heisere Stimme eines Mädchens:
»Jetzt stimmt es!«

Wir sahen einander an: blutunterlaufene Augen, spinnenbeinartige Tuschreste, zerraufte Haare, halbzerbissene Lippen.

So welche sind wir also. Morgen werden wir verbrannt.

***

Bei uns auf der Arbeit gab es exakt so viele Chats wie Mädchen. In jedem fehlte eine von uns, damit die anderen sich über ihr unschönes Verhalten auslassen oder Geld für ein Geschenk sammeln konnten. Dann gab es noch einen allgemeinen Chat für Sticker und Dateien, aber wir wussten, dass dort nichts los war. Die echten Alltagsdramen entrollten sich anderswo.

Unsere Konflikte verliefen selten lautstark. Je ernster das Problem war, desto intensiver bearbeiteten wir unsere Tastaturen. An jenem Tag herrschte in meinen Chats Funkstille, also sprach man über mich.

Meistens war die Sache erledigt, wenn die Ausgeschlossene erriet, was an dem Tag schiefgelaufen war. Sie hatte vergessen, die Tassen zu spülen, obwohl sie dran war. Einen fremden Schreibtisch mit ihren Unterlagen überflutet. Den Tacker genommen und nicht zurückgelegt. War als Letzte gekommen und wollte als Erste wieder gehen. Hatte sich eine fremde Arbeit geschnappt und als ihre eigene ausgegeben.

Bei mir klappte das nicht so richtig. Bevor ich darauf kam, womit ich wohl alle gegen mich aufgebracht hatte, war meine Panik schon außer Kontrolle geraten und mitten im Büro zu einem wandernden Strudel geworden, in den alles Mögliche und Unmögliche reingezogen werden konnte: staatliches Eigentum, private Gegenstände, fremde Ideen.

Die Mädchen standen gleichzeitig auf und gingen zum Mittagessen. Ich flatterte durchs Büro. Mir fiel einfach nichts ein, und deshalb entschloss ich mich zu einem verzweifelten Schritt: Ich machte die Tür fest zu und bewegte die Maus eines fremden Computers, um den Chat zu sehen, in dem ich nie war.

Doch sosehr ich auch stöberte, soviel ich auch las, ich konnte nichts über mich finden. Es war der Chat ohne mich, aber die Mädchen besprachen einfach ihr Leben: erste Schritte der Tochter, Morgenübelkeit, Trennungssex, Rezepte für Antidepressiva, Arbeitsplatzwechsel – alles Dinge, die mein Strudel hätte an sich ziehen, einstreichen und auflösen können. Es war ein Ausschluss, aber ein ganz anderer als der, den ich kannte: hier wurde die Ausgeschlossene nicht von einer Brechung grellen Lichts beleuchtet, hob sich nicht vor dem Hintergrund der anderen ab.

Ich ging vom Computer weg zu dem kleinen Bürospiegel, der neben dem Kalender hing. Der Name auf meinem Badge wurde von rechts nach links gespiegelt – so dass ich ihn im ersten Moment nicht lesen konnte.

An dem Tag beschloss ich, mir in allen unseren Chats einen neuen Namen zu geben. Die Mädchen sollten wissen, dass ich mir schon lange selbst nicht mehr geheuer war.

***

Heute wurden einige Mädchenstellen gestrichen.

Und unsere Abteilung wurde aufgelöst.

Ich schreibe dies an meinem Dienstcomputer direkt in die Datei, in der ich meinen Teil der Quartalsabrechnungen hätte vornehmen sollen. Ich erlaube mir eine Abrechnung in freier Form.

Wenn ihr glaubt, es gäbe zu viele Mädchen, und man könnte einfach hingehen und sie streichen wie misslungene Textstellen, dann irrt ihr euch. Wenn ihr das glaubt, seid ihr keine Mädchenträne wert. Ihr verschleiert bloß euren Unwillen weiterzulesen. Also ist es auch nicht an euch zu entscheiden, wie alles endet.

Ich bin ein Mädchen. Ich nenne mich vom ersten Tag an so, halte das aber nicht für eine unverzichtbare Eigenschaft von mir. Die anderen Mädchen haben mir gezeigt, dass man eine dynamische Konstante sein kann und dass beim gegenseitigen Vermessen das Wichtigste die Abweichungen sind.

Wer nicht unter die Stellenstreichung fällt, wird in eine andere Abteilung versetzt. Das heißt Synergie und verringert Distanz. Im Wort Distanz sehe ich den Tanz, ahne ich den Glanz. Nur, wie kann man ihn streichen, wenn er niemandem gehört?

***

Als die Proteste anfingen, waren wir Mädchen auf der Arbeit. Es war nicht gerade ein guter Tag für uns.

Zuerst bekam Swetlana Bauchschmerzen.
Dann wurde es Anja schwindlig.
Xenija fühlte sich unpässlich und meldete sich krank.
Und ich spürte auch schon Übelkeit in mir aufsteigen.

Auf meinem Bildschirm waren zwei Fenster geöffnet: eins mit einer leeren Excel-Tabelle, das andere mit einer stummgeschalteten Live-Übertragung der Ereignisse. Bei der Live-Übertragung liefen Leute in eine Richtung und rissen gleichzeitig den Mund auf. Ich suchte nach bekannten Gesichtern.

Zuerst erblickte ich Swetlana.
Dann erkannte ich Xenija.
Und gerade jetzt sehe ich Anja.

Eine ganze Ewigkeit ist vergangen, und ich betrachte immer noch meine Mädchen, meine lieben staatlichen Mädchen, und kann mich nicht genug darüber freuen, dass es ihnen offenbar besser geht.

***

Heute wurde uns Mädchen eine Abmahnung ausgesprochen. Aber ich ärgere mich nicht, ich denke schon an etwas anderes: an die vielen Bedeutungen des Wortes aussprechen. Stellt euch vor, es gäbe einen Tag der Aussprache. Man würde euch erlauben, euch auszusprechen.

Am Tag der Aussprache würden alle Anspannungen von der Leine gelassen, nichts bliebe ungesagt, du würdest reden und reden, bis dir der Kopf schwer würde vor lauter Leichtigkeit. Der Tag der Aussprache müsste zum gesetzlichen Feiertag erklärt werden.

Am »Tag der Staatsflagge« hatten wir Mädchen – wie an jedem anderen gesetzlichen Feiertag auch – die Aufgabe, die weiß-blau-rote Flagge in den dreiarmigen Halter am Eingang der Galerie zu stecken. Der Flaggenhalter war ziemlich weit oben angebracht, so dass wir erst eine Trittleiter holen mussten, die eine von uns vorsichtig und gemessen hinaufstieg, das Staatssymbol im Anschlag.

Doch kurz vorher, am »Tag der russischen Sprache«, hatte sich einer unsere Flagge gekrallt. Wir hatten auf dem Dienstweg den Kauf einer neuen beantragt, doch Dienstwege ziehen sich gerne hin, und so wurden wir angewiesen, uns etwas auszudenken, die Flagge aber pünktlich aufzustecken.

Wir hatten keine Zeit, uns was auszudenken, holten die sowjetische Flagge aus der Abstellkammer und hissten sie. Die Flagge hatte vom ersten Moment an eine positive Wirkung auf unsere Besucherzahlen. Die Menschen wurden von ihr angezogen. Der Abschnittsbevollmächtigte des Viertels salutierte bei ihrem Anblick. Die Oma aus dem Nachbaraufgang bekreuzigte sich im Vorbeigehen. Ein Rentner und sein jugendlicher Enkel blieben wie angenagelt vor unserer Tür stehen und stürzten sich in einen endlosen lautstarken Disput:

»Mein eigener Uropa wurde politisch verfolgt!«
»Dein Uropa, das ist mein Vater – was mit dem war, werde ich ja wohl besser wissen!«

Könnte man doch alle Menschen hierher einladen, damit sie sich aussprechen. Damit sie sich alles erzählen, was unter der Zunge und im Kopf festsitzt, alles, was schmerzt, erfreut und belastet. Ich schätze, das wäre ein furchtbarer Event.

Während nichts Furchtbares dabei ist, wenn man dir eine Abmahnung ausspricht. Gekündigt wird einem normalerweise nach der dritten. Also haben wir noch zwei Versuche, bevor diese Welt für uns endgültig ihre Tore schließt.

***

Am 9. Mai war es in der Galerie heiß und leer.

Als Kinder in Militäruniform an unseren Fenstern vorbeiliefen, haben wir geschwiegen – wir waren ja keine Kinder in Uniform.
Als Panzer an unseren Fenstern vorbeifuhren, haben wir geschwiegen – wir waren ja keine Panzer.
Als Geschosse an unseren Fenstern vorbeiflogen, haben wir geschwiegen – wir waren ja keine Geschosse.

Als wir Mädchen rausgingen und ein paarmal vor unseren Fenstern auf und ab liefen, sah uns niemand – weil es drinnen keinen mehr gab, der uns hätte sehen können.

In unserem Jahresplan steht eine Veranstaltung über Krieg und Sieg. Aber wir sind nicht mehr imstande, etwas zu Krieg und Sieg zu veranstalten. Wir sind es müde zu kämpfen und zu siegen, zu schweigen und zu schauen, wir würden uns schon lange am liebsten totstellen. Uns ist nichts mehr heilig – lasst uns sterben. Oder gebt unserer Veranstaltung wenigstens einen Namen:

Nur alte Kerle ziehen in die Schlacht.
Diesen Tag erstrebten wir mit ganzer Kraft.
Hier singen die Vögel nicht.
Steh auf, steh auf, du Riesenland.
Im Morgengrauen ist es noch still.

Das war alles schon mal. Wir Mädchen haben schon in blutbefleckten Feldblusen dagelegen, und Julia Drunina hat uns Georgsbändchen in die toten Zöpfe geflochten. Kinder haben schon Gedichte auf der Bühne rezitiert. Veteranen sind schon aufgestanden und gegangen.

Als vor unseren Fenstern das Unsterbliche Regiment vorbeimarschierte, haben wir geschwiegen – wir waren ja kein Unsterbliches Regiment. Doch man muss kein Teil des Unsterblichen Regiments sein, um zu ahnen, wie viele furchtbare und herrliche Dinge aus unerfindlichen Gründen unsterblich sind, wie viele Mädchen das Blut des Regimes an ihren Händen sehen wollen, wie viele Veranstaltungen keinen Namen bekommen.

***

Wo immer wir Mädchen auch arbeiteten, wir waren die Hüterinnen des Gäste- und Beschwerdebuches. In jeder Institution gibt es so ein Buch – staubig und speckig liegt es seit unvordenklichen Zeiten an derselben Stelle. Die Besucher verlangen das Buch, wenn die Aufsicht fünf Minuten auf dem Klo ist, sie verlangen es nach dem Büfett, um zur Erinnerung einen fettigen Kuss zu hinterlassen, sie verlangen es, um Unsägliches zu sagen.

Das Personal sieht einem nicht in die Augen, wenn es einen bedient. Arbeiten Sie daran.
21.04.2019

Die Ausstellung und besonders das Mädchen, das die Führung gemacht hat, haben mir richtig gut gefallen. Wünsche Ihnen viele so schöne Mitarbeiterinnen! Pascha
18.05.2019

Habe Lust gekriegt, jeden zu erschießen, der das für Kunst hält. Enthusiast88
02.07.2019

Für so was gibt der Staat also Geld aus. Eine Schande, ihr Lieben.
07.08.2019

Bin mit meiner Tochter in die Ausstellung gekommen, wollten uns mal eure Gegenwartskunst angucken. Haben wir gemacht, hat uns gefallen, danke.
13.08.2019

Dem Galerie-Team für die erwiesene Aufmerksamkeit und Gastfreundschaft einen herzlichen Dank! Die Lehrer der Schule Nr. 1582

Ich war hier. ACAB

Bei Ihnen sind ja blutjunge Mädchen beschäftigt. Man sieht, dass eine erwachsene Männerschulter fehlt. Anton Michailowitsch
10.09.2019

Der Wasserspender war leer. Als ich um Wasser bat, füllte man mir mit den entsprechenden Entschuldigungen Wasser aus dem Hahn in ein Glas. T.N. Nikiforowa
30.09.2019

Wir Mädchen klappten das Buch auf, wenn wir das Gefühl hatten, ganz allein auf der Welt zu sein. Wir blätterten darin wie in einer uralten Handschrift. Das Leben selbst hatte uns mit diesen Menschen zusammengebracht, mit ihren Sprachen, Intonationen und Intentionen. Wir wissen nichts mehr über sie, und sie haben sich wohl kaum unsere Gesichter gemerkt, aber aus irgendwelchen Gründen haben wir hier in diesem Saal beieinandergestanden und uns gemeinsam mit der Realität herumgeschlagen, wie sie nun einmal war.

Ausgelaugt von Papierkram und in quälender Erwartung des jeden Moment fälligen Gehaltsvorschusses haben wir lächelnd erklärt, warum man uns erst einmal nicht erschießen müsse. Und meistens ließen die Leute die Waffe sinken.

***

Menstruelle Synchronizität gibt es wahrscheinlich nicht. Die Forschung jedenfalls bestreitet sie. Aber heute sind wir Mädchen nicht einfach an einem Montag zur Arbeit gekommen, sondern am ersten Tag unseres Zyklus, dessen Kalender neben dem Kalender mit bedeutsamen Daten der russischen Geschichte hängt.

Nach dem Wochenende sind wir zur Arbeit gekommen und waren alle verliebt. Das gibt es: Verläuft eine Sache synchron, ist auch alles andere nicht mehr aufzuhalten. Für den Staat ist es nützlich, wenn wir verliebt sind: Wir lassen die Mittagspause aus und bleiben abends lange da, wir achten auf jede Kleinigkeit und nehmen alle Anrufe an. Unser Tempo wird schneller, und der Kontakt zur Wirklichkeit erweitert sich, wenigstens auf den ersten Blick: Wir warten auf ein Zeichen, stets bereit zu einer Interpretation, wie bedrohlich sie auch sein mag.

Wenn ich in den Spiegel gucke, sehe ich spitze Wangenknochen und verweinte Augen. Deshalb sind heute alle Spiegel im Büro verhängt oder zur Wand gedreht, wie in einem Haus, in dem ein Verstorbener liegt. Bei uns auf der Arbeit gibt es übrigens immer Verstorbene: sie werden von der Personalabteilung wie Lebende geführt, bekommen aber anderthalbmal mehr Gehalt als wir. Doch wir Mädchen sind ihnen nicht böse: Tote haben es unter Lebenden auch so schwer genug.

Die verliebten Mädchen hören heute unablässig dieselben Lieder. Wenn sie einander glänzend rote Schmerztabletten in die Hand drücken, betrachten sie die spitzen Wangenknochen und verweinten Augen der anderen.

ach, was hast du mir getan
welch ein Schmerz
Liebe wie ein schöner Schwan
himmelwärts
Liebe wie ein Falke rot
Liebe wie ein Falke rot
Liebe wie ein Falke rot
fort im Nu
groß ist meines Herzens Not
groß ist meines Herzens Not
groß ist meines Herzens Not
wo bist du

– singen die verliebten, bedürftigen Mädchen im Chor.

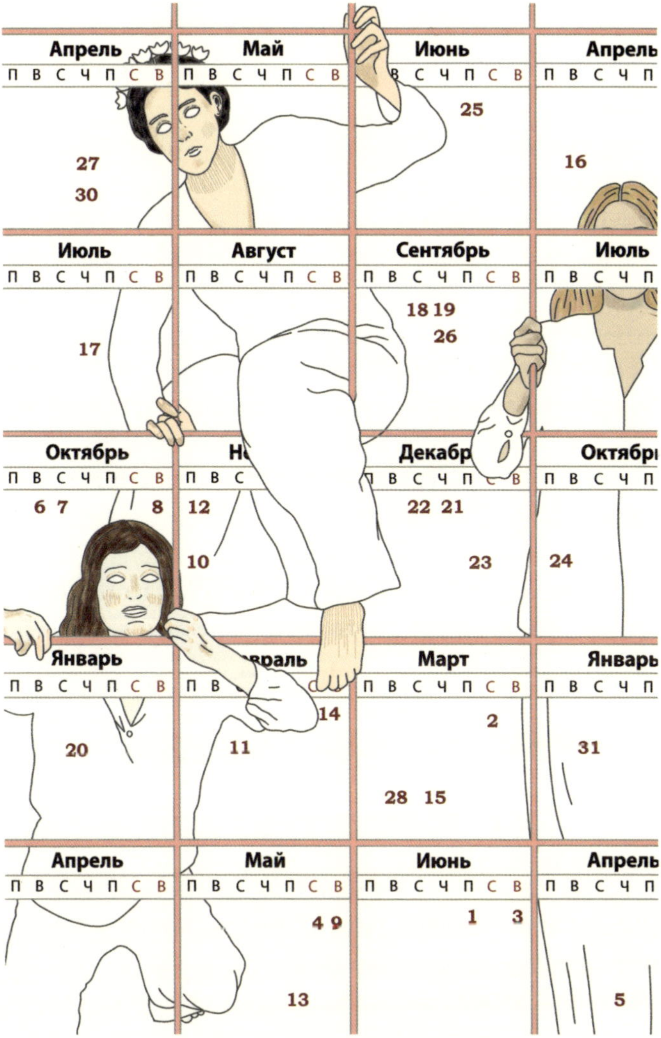
Апрель
Май
Июнь
Апрель
П В С Ч П С В
25
27
30
16
Июль
Август
Сентябрь
Июль
17
18 19
26
Октябрь
6 7
8
12
22 21
10
23
24
Январь
Март
Январь
14
2
20
11
31
28 15
Апрель
Май
Июнь
Апрель
4 9
1
3
13
5

***

Eines Tages schrieb jemand eine Beschwerde über die Mädchen.
Und noch eine.
Und eine dritte.
Die Beschwerden wurden gleichzeitig ans Kulturressort, die Staatsanwaltschaft und das Ermittlungskomitee geschickt.

Gemäß der Beschwerde des Besuchers R.W. Midinski hatten einige Literaten auf einer Mädchen-Veranstaltung den Tempel der russischen Kultur geschändet, als sie Gedichte rezitierten, in denen russische Mutterflüche vorkamen.

Nachdem wir die Beschwerdeschrift studiert hatten, machten wir Mädchen uns daran, eine kollektive schriftliche Erklärung abzufassen.

ERKLÄRUNG

Wir, die Mitarbeiterinnen der GBOU BGUK der Stadt Moskau, haben keineswegs beabsichtigt, eine Schändung des Tempels der russischen Kultur oder eine Schmähung des Bürgers R.W. Midinski zuzulassen. Leider hatten wir keinen direkten Zugang zum Bewusstsein der bei uns auftretenden Literaten und konnten daher nicht vorhersehen, dass auf der Veranstaltung Wörter wie »Fotze«, »fickrig«, »Arsch« sowie zahlreiche entsprechende Ableitungen zu hören sein würden.

Das russische Mat kann ein Mittel künstlerischen Ausdrucks sein und verfolgt dabei keineswegs das Ziel, jemanden zu schmähen. Eine Schmähung und damit ein Verstoß gegen die Verhaltensregeln auf öffentlichen Veranstaltungen hätte vorgelegen, wenn wir uns erhoben und deklamiert hätten:
Fick dich, Kulturressort,
fick dich, Staatsanwaltschaft,
fick dich, Ermittlungskomitee,
fick dich, R.W. Midinski.

Derartige Formulierungen könnten in der Tat als Schmähung gelten, aber auch sie wären noch kein Anschlag auf die Unversehrtheit des Tempels der russischen Kultur.

Hochachtungsvoll
Datum
Unterschrift

Ich stelle mir die ganze Zeit vor, wie wir diesen Text abschicken und dann aufstehen und türenknallend gehen, aber leider habe ich ihn gerade erst geschrieben, und in Wirklichkeit hat man uns damals unsere Monatsprämie nicht gezahlt.

***

Wir Mädchen bekamen oft Anweisungen vom Ministerium für Bevölkerungsschutz zugeschickt. So wurden wir regelmäßig über Situationen informiert, die eine Bedrohung unserer Sicherheit oder der Sicherheit unserer Besucher darstellen könnten.

Heute Morgen etwa kam per E-Mail eine Anweisung mit einem Videoanhang. Das Video sollte auf allen Monitoren im Haus installiert werden. Ich lud es herunter, und die Mädchen scharten sich um meinen Schreibtisch, um zu sehen, was statt der Videoarbeiten unserer Künstler über die Galeriebildschirme flimmern würde.

Wir erblickten das breite Tal eines zugefrorenen, verschneiten Flusses. Einige Sekunden lang geschah nichts, die Kamera bewegte sich nicht, der Fluss auch nicht. Dann erschienen am linken unteren Rand zwei menschliche Gestalten (mit dem Rücken zum Betrachter). Sie hielten sich an den Händen und näherten sich dem Fluss. Nach einem kurzen Innehalten am Ufer überschritten sie schließlich die Grenze und betraten das Eis, dann brachen sie abrupt ein, verschwanden unter Wasser und tauchten nicht wieder auf. Auf dem Video erschien in kursiven Großbuchstaben die Botschaft:

DÜNNES EIS IST GEFÄHRLICH!

Damit endete das Video.
Zu diskutieren war da nichts, und ich lud es stumm auf ein paar Sticks und installierte es auf den Monitoren der Galerie.

DÜNNES EIS IST GEFÄHRLICH,
deshalb gehe ich nur noch auf Zehenspitzen durch den Ausstellungsraum.

DÜNNES EIS IST GEFÄHRLICH,
deshalb ertönt heute die Stimme von Jegor Letow aus unserem Büro.

DÜNNES EIS IST GEFÄHRLICH,
deshalb nehme ich Anrufe von unbekannten Nummern nicht an, aus Angst, die Stimme des Majors zu hören.

Die Besucher fragen mich: »Von wem ist denn die Videoinstallation auf euren Monitoren? Furchterregend und lakonisch ist die, als wäre der Monitor selbst aus dünnem Eis, als fände man sich im nächsten Moment am anderen Ende des Abgrunds wieder, als würde man im nächsten Moment selber mit seinem Körper ein Loch in die Bildoberfläche brechen und untergehen.«

Ich antworte wahrheitsgemäß: Sie stammt vom Ministerium für Bevölkerungsschutz. Aber die Besucher lächeln, als wäre »Bevölkerungsschutz« ein Euphemismus für etwas anderes. Auch diese Version möchte ich nicht ausschließen.

***

Was geschieht, wenn Mädchen am Arbeitsplatz von einer Tragödie eingeholt werden? Dieser Prozess ist schwierig zu beschreiben, aber ich glaube, er gleicht einem Umsturz für die Dauer eines Tages. Alles hält an, die Zeit läuft anders, Regeln, die noch vor einer Minute wichtig und gültig waren, haben keine Macht mehr über uns.

Als die Mutter eines Mädchens starb, brannte die Luft am Schneearbeitstag.
Als die Schwester eines Mädchens mit dem Alexandrow-Chor abstürzte, brannte die Luft am Schneearbeitstag.
Als ein Mädchen die Ergebnisse ihrer Gewebeprobe bekam, brannte die Luft am Schneearbeitstag.

Wenn du für den Staat arbeitest, sind die Tage, an denen in deinem Büro der Kummer an die Macht kommt, die klarsten und hellsten. Du schaust einem Menschen in die Augen, dem etwas Unwiderrufliches zugestoßen ist, und fühlst, wie sich alles ringsum in schäbige Dekoration verwandelt, in Pappwände, die umkippen, sobald man sie mit einer anderen Optik ansieht. Da bist du, lebendig, in dir schlägt und werkelt dein Herz, da ist ein anderes Mädchen neben dir, auch sie lebendig, sie weint oder hält die Tränen zurück, und da liegt eure ganze entfremdete Arbeit auf dem Boden wie eine schlaffe tote Hülle der Wirklichkeit. Wir sind nicht länger ein vielarmiges und -beiniges Mädchenwesen, vom Arbeitgeber zu einem unförmigen Klumpen zusammengepappt: im Lichte der Tragödie sieht man die Umrisse jeder einzelnen. Und wir sind erschöpft von der Last der Kanzleisprache und von der Sanftheit der Selbstironie. Wir brauchen Distanz und wechselseitige Neudeutungen, und wir haben auch nichts mehr dagegen, einander zu interpretieren, aber wir lassen niemanden an uns heran außer uns selbst.

Wir sind jetzt nicht mehr nur Mädchen. Brennt die Luft am Schneearbeitstag, stirbt und wird die Genderordnung, Pronomen verändern sich, die Oberfläche der als allgemein bezeichneten Erfahrung bekommt Risse. Jemand ist zum Beispiel kein Mädchen mehr und war vielleicht nie eins – und das bedeutet, dass alle obenstehenden Texte neu gelesen werden können, indem man jede neue Zeile mitberücksichtigt, die gerade unter meinen Fingern entsteht.

Auch diese.
Und diese auch.

***

Reden wir mal darüber, wie Mädchen zu Fremdagenten werden. In welchem Moment vollzieht sich die Verwandlung?

DIE VORLIEGENDE MITTEILUNG (DAS VORLIEGENDE MATERIAL) WURDE VON EINEM AUSLÄNDISCHEN MASSENMEDIUM, DAS DIE FUNKTION EINES AUSLÄNDISCHEN AGENTEN ERFÜLLT, UND (ODER) VON EINER RUSSLÄNDISCHEN JURISTISCHEN PERSON, DIE DIE FUNKTION EINES AUSLÄNDISCHEN AGENTEN ERFÜLLT, ERSTELLT UND (ODER) VERBREITET.

Sie wachen auf, waschen sich, putzen sich die Zähne, kämmen das zerzauste Haar. Fahren zur Arbeit, schlafen im Bus oder in der Metro ein und verpassen ihre Haltestelle. Schaut euch die verschlafenen Gesichter an: Was meint ihr, sind unsere Mädchen schon Fremdagenten oder noch nicht? Was verrät sie? Seht ihr die Intervention des Andersartigen in ihrem Blick, fällt euch die feindliche Körpersprache auf, die sich in jeder Bewegung Bahn bricht?

Fremdagenten sind Agenten des Fremden. Das Fremde, das Andere kann uns jeden Moment zu fassen kriegen: bei einem unerlaubten Kuss vorm TASS-Gebäude, im Tumult eines Kindergeburtstags, wo sich alle gegenseitig mit Windpocken anstecken, nach zwei Stunden Einkaufsbesprechung, wenn dir beim Anblick der Wirtschaftsressortchefin plötzlich heiß zwischen den Beinen wird. Als Fremdagentin kannst du schwanger werden, und dann taucht die Frage auf, ob sich dein Kind in neutralen Fruchtgewässern befindet oder doch in Fremdagentengewässern. Wer wäre imstande, diese Frage zu beantworten?

Das Fremde ist überall. Nach einem der üblichen Anschisse im Chefzimmer reißen wir unsere Blusenärmel ein, pinseln uns Glitzer auf die Wangen und fahren in den Gay-Club. Da vertrinken wir dann unser ausländisches Geld von den Minihonoraren für unsere Minitexte, die wir in unserer überlebenskampffreien Zeit verfassen. Unsere Texte sind auf Russisch geschrieben. Und sie sind auch fremd.

***

Die Mädchen kommen aus dem Frost ins Büro, rot im Gesicht. Die Mädchen kommen rein – und Fragmente des Sujets beginnen aufzutauen, so wie ihre Wangen, Nasen und Hände. Zu Mittag wird es stickig im Büro: Die Mädchen verbrauchen die Luft, die Fenster beschlagen, auf den frischen Hemden erscheinen unter den Achseln feuchte Kreise.

Mädchen sind Versorgungsleitungen und Heizungsrohre, die das ausgekühlte staatliche Innenleben durchziehen. Wenn die Mädchen innehalten und aufhören zu arbeiten – Gott weiß, was dann mit uns allen passiert. Wahrscheinlich schlafen wir vor Kälte an unseren Arbeitsplätzen ein und wachen nie mehr auf. Vielleicht wäre das auch besser so: Liebe Mädchen, ich glaube, wir brauchen einen tödlichen Streik. Das Leben ist unerträglich geworden.

Aber Mädchen hält man nicht auf. Die Mädchen trinken ihren Kaffee und tippen superschnell. Ihr Herzschlag gerät aus dem Takt, in ihrem Kreuz pulsieren Bomben mit Zeitzünder. Heiz-Mädchen, Torpedo-Mädchen, Motoren-Mädchen, Trigger-Mädchen.

Wer von den Mädchen explodiert heute? Beißt sich auf die Zunge, kreischt zur Decke hoch, rennt aus dem Raum? Über welches Mädchen werden die Jungs heute sprechen wie über eine Naturerscheinung?

Und dann ging's ab.
Zappenduster.
Voll verweht.

Während die Mädchen auftauen, fühle ich, dass meine Zungenspitze taub wird und kribbelt. Doch sie macht drei Sprünge den Gaumen herab, und bei drei wird sie blutig gebissen.

***

Die ganze Abteilung war gekommen, um sich von Marina zu verabschieden. Vor dem Krematorium herrschte Gelassenheit: Da drinnen hatten sie offenbar ihre eigenen Mädchen, die mit allem klarkamen.

Das staatliche Krematorium sah aus wie der Kulturpalast meiner Kindheit – dreimal die Woche ging ich zum russischen Volkstanz dorthin. Bis heute erinnere ich mich daran, wie schwer die Kokoschnik-Haube war und wie es sich anfühlte, wenn unter dem gestärkten Stickereikleid die weiße Strumpfhose rutschte.

Marina hatten alle gemocht. Sie war in unserem Saal für Aufsicht und Verkauf zuständig gewesen. Marina begrüßte und verabschiedete Besucher, verkaufte ihnen Eintrittskarten und Andenken, passte auf, dass niemand die Magnetbilder klaute oder die Exponate berührte. Sie trank gerne und häufig Tee, was allen auf die Nerven ging. Als junge Frau hatte Marina Panzer konstruiert, doch davon erzählte sie uns, dem Staatsgeheimnis ihr Leben lang treu, trotz unserer ironischen Überredungsversuche nichts. Marina schwärmte für die TV-Show »Wettstreit des Übersinnlichen« und glaubte an die zionistische Weltverschwörung.

Marina war am Ende eines Arbeitstags gestorben. Die anderen Mädchen dachten, sie wäre im Sessel eingenickt, und hatten sie nicht stören wollen. Der Tod hatte Marina kaum verunstaltet: wie sie da im Saal des Krematoriums lag, sah sie fast lebendig aus, bloß hatte man ihr aus unerfindlichen Gründen ein gestärktes Stickereikleid angezogen und ein weißes Kopftuch umgebunden. Man hätte glauben können, auch Marina ginge zum Tanzen in den Kulturpalast, und gleich würden wir zusammen auftreten.

Eine Mitarbeiterin des Bestattungsinstituts trat an den Sarg und gab ein Signal: es ertönte Musik. Mit monotoner Stimme drückte sie den Angehörigen der Entschlafenen ihr Beileid aus und bot den Gästen an, vor der Kremierung ein letztes Wort zu sagen. Ich war der Frau dankbar – ihre halbautomatischen Anweisungen erinnerten mich an Marina, ließen ihre Redeweise auferstehen, brachten Raum und Menschen in Bewegung.

Die Mitarbeiterin hielt den Zeitplan ein. Nach dreißig Minuten Trauerreden tauchten Arbeiter auf, über der Ofentür erglühte eine rote Lampe. Die Mädchen weinten, ich betrachtete den Marmorboden. Ich konnte geradezu hören, wie meine und Marinas Tanzschuhe darauf klapperten.

***

Zum »Tag Russlands« wollte das Kulturressort seine Mitarbeiterinnen offenbar verblüffen: Es kündigte einen Schönheitswettbewerb an, die Wahl der »Miss Kultur«. Damit er auch zustande kam, wurde jede Abteilung dazu verpflichtet, eine Kandidatin zu bestimmen. Alle Teilnehmerinnen sollten großzügig mit Preisen bedacht werden.

Das Programm sah vor:

- die Vorführung von Nationaltrachten, von den Kandidatinnen selbst genäht;
- einen Talentwettbewerb mit zuvor einstudierten Beiträgen;
- das Quiz »Was weiß ich über mein Russland«.

Während der Teambesprechung wurde beschlossen, dass ich unsere Abteilung bei diesem Fest des Lebens vertreten sollte, weil ich in der siebten Klasse im Sommerlager schon einmal an einem Schönheitswettbewerb teilgenommen hatte und »Miss Pokryschino 2007« geworden war. Dummerweise hatte ich auf dem letzten Betriebsfest davon erzählt und sogar ein Foto von mir mit Plastikkrone und blauem Band über der Brust gezeigt.

Wir wurden für den Wettbewerb trainiert: Man brachte uns bei, auf hohen Absätzen übers Podium zu laufen, zeigte uns, wie man ein Mikrofon hält und wie man auf der Bühne steht. Hinter uns wehte die Animation einer riesigen russländischen Flagge. Nach jeder Probe spürte ich, wie mein Gedächtnis und meine Koordination nachließen. Doch ich zwang mich, an die Quartalsprämie und den geplanten Zahnarztbesuch zu denken.

Schließlich brach der Tag des Wettbewerbs an, der »Tag Russlands«. Aufgeregte Mädchen in patriotischen Kleidern liefen durch die Maske und hatten keine Ähnlichkeit mehr mit Angestellten des Kulturressorts. Ich freute mich für sie, fühlte mich aber isoliert. Man schminkte mich und erklärte, unser Erscheinungsbild müsse fesch, doch unverdorben sein.

Nähen konnte ich nicht, was meine Nationalität war, wusste ich nicht. Neben mir stand eine junge Frau in einer sehr spezifischen, detailreichen udmurtischen Tracht, etwas weiter eine in einem stilisierten allgemeinslawischen Kleid mit Haube. Ungefähr die Hälfte der Teilnehmerinnen bestand darauf, sie trüge etwas Volkstümlich-Russisches. Jemand googelte den Unterschied zwischen belarussischer und ukrainischer Blusenstickerei. Ich trug ein einfaches weißes Kleid ohne besondere Kennzeichen und einen Kranz aus Wiesenblumen auf dem Kopf. Und war am Ende meiner Kräfte.

»Liebe Freunde, wir stellen Ihnen nun die Crème der Kulturarbeiterinnen unserer Hauptstadt vor! Es sind nicht einfach nur schöne Frauen, es sind intelligente Frauen, und ihre Sorge gilt dem Kulturerbe unseres riesigen Landes. Auf ihren schmalen Schultern ruht eine gewaltige Mission: die Bewahrung der Tradition, das Gedenken an die Ahnen, die Erziehung neuer Generationen in den unermesslichen Weiten unserer Heimat. Die Teilnehmerinnen von ›Miss Kultur‹ sind selber echtes nationales Kulturgut. Applaus!«

Unter dem verhaltenen Klatschen des Saals betraten wir die Bühne. Die Mädchen lächelten und schritten selbstsicher unter dem Scheinwerferlicht einher. Anders als sie war ich totenbleich und ähnelte in keiner Weise dem Kulturgut welcher Nation auch immer.

Beim Talentwettbewerb trat ich dann nicht mehr an. Mir war hinter den Kulissen flau geworden, die Organisatoren der Show gaben mir Wasser und Schokolade. Den Rest des Schauspiels sah ich mir vom Saal aus an.

Im Quiz wurden viele Fragen zur Geschichte der Krim gestellt. Fast alle Mädchen konnten sie fehlerfrei beantworten. Nur einem Mädchen in krimtatarischer Tracht wurden ein paar Antworten nicht angerechnet. Schade, sie war meine Favoritin gewesen.

Als die helläugige und hellhaarige Siegerin auf der Leinwand gezeigt wurde, sah ich in ihren vergrößerten Pixelaugen Tränen:
»Das sind Tränen des Glücks. Ich danke meiner Mutter, ich danke meinem Land – mein Traum hat sich erfüllt! Wenn wir alle mitmachen, bleibt Russland für immer schön und eigenständig und frei, das weiß ich sicher!«

Man sah, dass sie das aus vollem Herzen sagte. In dem Moment taten mir alle Zähne im Mund gleichzeitig weh.

***

Wir Mädchen tun so, als verstünden wir nichts von Politik. Wir zwitschern wie die Vöglein, und Vögel schweben bekanntlich über den Dingen. Wir tirilieren, und keiner ahnt, was wir im Sinn haben. Wenn ihr nur wüsstet, was für einen Untergrund wir im Kopf haben, ihr würdet euch eure mickrigen Komplimente bestimmt verkneifen.

Auf der Versammlung des Arbeitskollektivs schärfte man uns ein, wir müssten unbedingt zur Wahl gehen und für den richtigen Kandidaten stimmen. Vergesst nicht, ein Foto des ausgefüllten Stimmzettels einzuschicken. Vergesst nicht, was eure Bürgerpflicht gegenüber dem Land verlangt, sonst könnt ihr euren Kindern später nicht in die Augen sehen.

Wir Mädchen, das sage ich jetzt mal ehrlich, kriegen keine Kinder mehr. Wir haben keine Kraft, euch neue Menschen zu gebären, ein neues Heer von Mädchen, deren Körper eure aus den Fugen gehenden Abgründe zustopfen sollen. Sucht euch andere Idiotinnen dafür, da werfe ich eher bei Nacht stumm eure Stimmzettel in leeren Schulen ein, die bald ohnehin niemand mehr besuchen wird. Mit uns geht alles zu Ende, wir sind die letzten Mädchen.

Ich träume oft, ich wäre schwanger. Unser Land ist voller schlafender Institutionen – wovon Institutionen wohl träumen? Wer sitzt an ihrem Bett, wer wechselt ihr von Fieberschweiß getränktes Laken, wer lauscht auf das, was sie in Babysprache vor sich hin jammern? Ich hoffe, sie träumen von Spötter-Mädchen, von einem vielstimmigen Echo, einem schwächlichen Chor – den letzten Signalen, bevor der Untergrund in die Luft fliegt.

***

Manchmal kommt es mir zwar so vor, als würde ich alle Mädchen gleich lieben, aber natürlich liebe ich einige sehr viel mehr als andere – und das sind in der Regel echte Mädchen, keine abstrakt-erdachten. Wisst ihr, es gibt da solche Fels-in-der-Brandung-Mädchen, Salz-der-Erde-Mädchen, Mädchen, auf die man Häuser bauen kann. Oxana ist so eine. Eine echte.

Oxana hat als Erste von uns gekündigt. Formal haben wir unsere Kündigung gleichzeitig eingereicht, aber Oxana war im Grunde schon ein halbes Jahr vorher weg: wir erinnern uns an den Tag, als ihr Blick sich trübte. Sie hatte schon lange kein Interesse mehr an uns, sie saß wie ein stiller, geschäftiger Schatten an ihrem Schreibtisch und ackerte sich mal durch die Bestattungsroutine nach dem Tod ihrer Mutter, mal durch unsere nie aufgehenden Monatsabrechnungen. Oxana machte immer alles präzise: präzise Telefonate, präzise Konfliktlösungen, präzise Texte, präzise Bestattungen.

Nach der Kündigung ging es mit Oxana steil bergauf: sie bekam einen Preis, schrieb einen Roman, züchtete in der Wohnung Blumen, zog mit ihrer Frau zusammen. Wir sagten ihr eine große Zukunft voraus: Oxanas Biografie entfaltete sich, als wäre sie ebenfalls eine literarische Erzählung. Wie eine Vorherbestimmung oder eine sich selbst erfüllende Prophezeiung war das, wie die Knicke eines abgeschnittenen Stücks Stoff, an denen man ablesen kann, wie der Stoff ursprünglich zusammengelegt war.

Oxana ist lesbisch. Vor kurzem wurde ein ganzes Literaturfestival abgesagt, auf dem sie hätte auftreten sollen. Besorgte patriotische Bürger hatten die Hotline des Gouverneurs zum Glühen gebracht. Oxana ist pervers, andersrum, tussig, homo, sodomitisch, eine Hexe, eine Zersetzerin der Tradition. »Mir will nicht in den Kopf, warum meine Heimat nicht stolz auf mich ist«, sagt Oxana.

Uns will das auch nicht in den Kopf, Oxana, deshalb rufen wir unsererseits die Hotline an, um dem Gouverneur des Gebietes Tula zu erklären, dass es da diese bestimmten Mädchen gibt: Fels-in-der-Brandung-Mädchen, Salz-der-Erde-Mädchen, Mädchen, auf die man Häuser bauen kann. Und um zu erklären, wie sehr wir es bedauern, dass das Festival am »Tag des Tulaer Lebkuchens« abgesagt wurde, es zu diesem schönen Feiertag also nicht nur Zuckerbrot gab, sondern auch die Peitsche.

***

Aus heiterem Himmel bekamen wir Mädchen eine seltsame schwere Erkrankung. Uns fielen die Haare aus, unsere Haut schälte sich, der Magen konnte nicht einmal den Mittagsjoghurt bei sich behalten. Innerhalb eines Monats schienen wir um zehn Jahre gealtert.

In unserem Blut wurde ein erhöhter Anteil von Schwermetallen festgestellt. Quecksilber, Blei, Mangan, Cadmium. Seit der achten Klasse habe ich nicht mehr an diese Wörter gedacht. Schwermetalle, lateinische Abkürzungen, die Tabelle auf dem Vorsatzblatt des blauen Lehrbuchs, die mich im Traum verfolgte. Apfelbäume im Morgendämmerdunst, bis zum letzten Schultag dauert es noch ewig, und wir Mädchen gehen zum Unterricht, hören Heavy Metal und schämen uns für das, was uns unterm Pulli wächst und weh tut.

Was sind wir geworden, seit wir erwachsen sind?
Aus welchem Stoff sind unsere Mädchen gemacht?
Was kann man noch in unserem Blut finden?

hCG, MDMA, HIV, PCR, UdSSR. Schwere im Herzen – das kommt von Schwermetallen. Abkürzungen – da zieht sich der Herzmuskel zusammen.

Es stellte sich heraus, dass die Belüftung des Gebäudes falsch geplant worden war: aus dem Labor für Metallverarbeitung im unteren Stockwerk wurde die Luft durch uns und unseren Lehrstuhl geleitet. Jetzt überlegen wir Mädchen uns zweimal, ob wir bei einer Panikattacke, wenn wir tief einatmen, wirklich bis vier zählen. Ach, wäre es doch nur wie früher: Apfelbäume im Morgendämmerdunst, bis zum ersten Urlaubstag dauert es noch ewig, und wir gehen um neun Uhr unsere Vorlesung halten und schämen uns für das, was uns unterm Pulli gewachsen ist.

***

Wie sehr die Mädchen auch aus ihren Institutionen wegstreben, die Institutionen holen sie stets wieder ein und schlagen über ihrem Kopf zusammen. Jede Arbeit ist zu einer Arbeit für die herrschende Ordnung geworden, weil diese Ordnung ohnehin in der Luft liegt, durch Atmung und Herzschlag internalisiert und mit unseren Tränen und Schweißtropfen ausgeschieden wird.

Mädchen sind dazu verurteilt, ein Gespür für Gewalt zu haben. Man lacht sie aus: Wie konntet ihr nur ohne Vertrag arbeiten, wieso habt ihr nichts bemerkt, wo hattet ihr denn eure Augen? Wisst ihr, wir haben der großen Politik in die Augen gesehen. Sie war ein Tier, sie sah aus wie ein Hirsch, in ihrem Geweih hatten sich Blumen und Gräser verfangen. Diese Politika glich nichts und niemandem, es schien, als hätte sie noch nie Schaden genommen. Sie stand neben mir, den Kopf zur Seite geneigt, und deshalb ist mir alles entgangen: Verträge, Vorgänge und Vereinbarungen, die Höhe meines Gehalts, die Länge meines Arbeitstags. Sie war ein Geschöpf anderer Ordnung, und wir liefen ihr ganz leise nach, weil wir Angst hatten, sie zu verscheuchen.

Die Institutionen holen uns stets wieder ein. Wie oft wir auch zu t.A.T.u.s Song »Not Gonna Get Us« knutschen, am Ende dämmert uns doch jedes Mal, dass er überhaupt keinen Sinn mehr hat. Wir können wie eh und je bei Valeri Meladse in Tränen ausbrechen, aber statt »Salut, Vera« dringt heute eher »Es lebe Belarus« an unsere Ohren. Wir können für freie Menschen mit schönen Gesichtern arbeiten – und dann erfahren wir Dinge, wegen denen wir am liebsten freiwillig eine Verschwiegenheitsverpflichtung unterschreiben und uns dann die Kehle durchschneiden würden, während wir der großen Politika direkt in die Augen sähen, um nie wieder das hellklingende Versprechen der Utopie zu hören:

Der Waldhirsch kommt zu mir auf mein Geheiß
Trag mich, mein Hirsch, ins Hirschland schnell und leis
Wo Kiefern ragen in den Himmel auf
Wo Dichtung, Wahrheit nehmen ihren Lauf
O trage mich, mein Waldhirsch, in dein Land

***

Manchmal sind die Mädchen beim Wechsel von einer alten zu einer neuen Stelle kurzfristig arbeitslos. Dann entsteht in ihrem Leben ein großes Vakuum, so dass jede, die im eigenen Kopf aufkreischt, ein langes Echo hört.

Das freut und alarmiert gleichermaßen. Wo soll man hin? Wie lange schlafen? Wie den Tag rumbringen und dabei möglichst wenig Geld ausgeben?

Arbeitslose Mädchen laufen wie Ausländerinnen herum. Sie sehen die Stadt zu einer Zeit, zu der sie sie vorher nie gesehen haben, ihre Gesichter überziehen sich mit leichter Sonnenbräune und Wangenröte, die Füße wiederum, die das lange Gehen nicht gewohnt sind, mit blutigen Blasen. Ihre Finger vollführen auf jeder Oberfläche eine Art Phantomtippen, die Augen, die nicht mehr auf den Bildschirm starren, scheinen um ein, zwei Dioptrien besser zu sehen.

Arbeitslose Mädchen sind ausgestöpselt, wenn man genau hinsieht, kann man die Kabel sehen, die beim Gehen als bunte Schleppe hinter ihnen her schleifen. Irgendwo in der Tiefe der Wohnung schläft ihr Arbeitsbuch einen leichten Schlaf. Die Mädchen pressen die Hände an die Brust, als würden sie einen Aktenordner an sich drücken, man merkt, dass sie einen Verlust empfinden und sich gerne an die Gesichter der anderen erinnern würden. Doch irgendwie gelingt das bisher nicht.

Deshalb laufen arbeitslose Mädchen überall allein herum und gewöhnen sich daran, nicht mehr Teil eines kollektiven Körpers zu sein. Außerdem gewöhnen sie sich daran, unterscheidbar zu sein – und das ist ein komisches Gefühl. Seht noch einmal genau hin – und ihr erblickt Mädchen, die irgendwo und irgendwie erstarrt sind, weil sie ihr Bürogebäude verlassen und angesichts von Käfern, Bäumen und Pfützen die Sprache verloren haben.

Die Mädchen warten auf ein Signal. Gerufen werden sie auf jeden Fall, und zwar mit einem Laut, den nur sie hören können. Er gleicht dem Sirren, das ertönt, wenn alle Computer und Lampen im Raum ausgeschaltet werden, und auch dieses Sirren hat ein langes Echo.

Vorgeschichte

Dieser Textzyklus hat eine Vorgeschichte, die gegen alle Ordnung besser zum Schluss erzählt wird. Einige Jahre meines Lebens habe ich in staatlichen Institutionen gearbeitet: in Bibliotheken, Galerien, Universitäten. Gleich meine erste Stelle nach dem Studium war eine Stelle beim Staat.

Meine Erfahrungen waren ziemlich krass, und in gewisser Hinsicht verfolgen sie mich bis heute. In einer Einrichtung denunzierte man mich anonym beim Kulturressort, in einer anderen schickte die Gewerkschaft ein Video von mir – ich trinke zu Hause Wein und fluche lustig vor mich hin – als Beispiel für unziemliches Verhalten an alle Mitarbeiter (und ich musste mich vor dem versammelten Arbeitskollektiv dafür entschuldigen), in einer dritten bekam ich wegen eines Fotos im BH eine Rüge, in der vierten und fünften wurde ich wegen Aktivismus und Teilnahme an den Protesten 2019 aus dem Job geekelt. Diese Dinge habe ich größtenteils in sogenannten Frauenkollektiven erlebt. Wir wurden schlecht bezahlt, für unsere Initiativen gab es praktisch kein Geld, und trotzdem hatten viele von uns, vor allem die Neuen, den brennenden Wunsch, das System von innen heraus zu verändern und seine Leere mit eigenen Ideen zu füllen. Hin und wieder gelang uns das auch. In der Regel haben wir Mädchen unsere Arbeit geliebt. Und genauso sehr haben wir sie gehasst.

Wer einmal in den Kreislauf des Staates geraten ist, bleibt häufig lange dort. Jahr für Jahr wandern dieselben Mädchen von Institution zu Institution, von Position zu Position. Mädchen werden eingestellt, an die Luft gesetzt, abgebaut, in Mutterschutz geschickt. Mädchen horten ihre Geschichten und können sich selten erlauben, sie öffentlich zu machen. Als ich zur Kündigung gezwungen wurde, schrieb ich für das Internetportal *Takije dela* einen Artikel über die Arbeitserfahrungen in staatlichen Kultureinrichtungen: fast alle meine Gesprächspartnerinnen wollten anonym bleiben, weil sie Repressionen ihrer früheren Arbeitgeber befürchteten.

In dieses Buch sind die Geschichten hunderter von Mädchen eingegangen. Sie werden einander in der Raucherecke erzählt, in der Mittagspause ins Ohr gesagt, mit Freundinnen in geschlossenen Facebook-Gruppen diskutiert. Selbstverständlich sind die berichteten Ereignisse nicht nur für staatliche Einrichtungen typisch und auch nicht nur für Frauenkollektive, die ohnehin gerne als wahre Schlangengruben dargestellt werden. Mein Bestreben war es gerade, von diesem stereotypisierenden und essentialistischen Blickwinkel wegzukommen und die Mythologie weiblicher Kollektivität zu erweitern, sie heterogener, widersprüchlicher und ambivalenter zu machen. Die institutionelle Gewalt, die ich beschrieben habe, kann man auch in kleinen und unabhängigen Projekten antreffen. Mir ist das schon passiert. Denn Gewalt und ihre Muster liegen in der Luft, und wir haben sie schon lange verinnerlicht. Um Gewalt nicht einfach zu reproduzieren, ist permanente Anstrengung nötig. Und manchmal sind wir (die Autorin dieses Buches ist da keine Ausnahme) zu erschöpft, um diese Anstrengung auf uns zu nehmen. So sieht er aus, unser magischer Institutionsrealismus.

Ich danke allen Mädchen und nichtbinären Personen, mit denen ich zusammengearbeitet habe, und ebenso allen, die mir ihre Geschichten zur Verfügung gestellt haben. Sonja, Oxana, Sascha, Olja, Assja, Tanja, Tamara, Katja,

Natascha – danke! Eines Tages werden viele von uns ihre eigenen Institutionen aufbauen. Ich kann es kaum erwarten.

Ich wünsche Asche meinem Haus

gewidmet Sascha S., Sonja S., Wlad N. und allen Menschen, dank derer ich dieses Jahr überlebt habe, sowie den Aktivist:innen der Feministischen Antikriegsbewegung

Der Krieg hat uns gestellt, wo immer wir gerade waren. Wir erstarrten, entwaffnet, kläglich, hilflos, und sehen seitdem zu, wie unsere Körper täglich mit den Körpern jugendlicher Okkupanten und Aggressoren verschmelzen, die zu unleserlichen blutigen Krakeleien auf verschneiten Feldern werden. Während dieses Verschmelzens erlebe ich immer wieder eine Dissoziation, als wäre ich nicht ich, als würde ich über meinem leeren Körper schweben, der schematisch wirkt wie ein Satellitenbild. Zum ersten Mal habe ich so etwas nach der Vergewaltigung erlebt, und jetzt kommt es wieder zurück.

Ich setze mich an die Verschriftung des Interviews einer Ukrainerin, die letzte Woche von russländischen Soldaten vergewaltigt wurde. Parallel höre ich mir mehrere Male die Aufnahme der Folter einer Russländerin an, sie wird von Polizisten gequält, ich höre genau zu und mache mir Notizen, um aus der Aufnahme ein Zitat für eine Publikation herauszusuchen. »Du Aas, ich schlag dir die Fresse ein … (unv.) … ich schlag dich tot, du alte Fotze!« Die Russländerin erkenne ich an der Stimme, die Ukrainerin kenne ich gar nicht. Ihre Stimmen ähneln sich, und ich habe Angst, die beiden Aufnahmen zu verwechseln. Ich habe nicht das Recht, sie zu verwechseln.

Unsere Körper verschmelzen täglich mit den Körpern besoffener jugendlicher Gewalttäter. Ich habe mich bemüht, im Innern eines jeden russländischen Soldaten heimisch zu werden, um zu begreifen, wie weit meine

Schuld ging. Die Schuld ging anscheinend überallhin. Sie roch nach Alkoholfahne, vollgepissten Hosen, in Frühlingsnächten hartgefrorenem Erbrochenem. Vor einer Stunde habe ich den Kommentar einer Landsfrau gelesen: sie freut sich über die Gewalt, die den Ukrainerinnen angetan wird. Die Landsfrau schrieb, auch sie sei geschlagen worden, und zwar zu Recht: Die Menschen sind ja keine Bestien, einfach so schlägt und tötet keiner. Gründe gibt es immer: Frau hat betrogen, sich rumgetrieben, gedroht, ihr Leben gelebt. So sind die blauen Flecken, die Blutergüsse und Platzwunden von den Körpern russländischer Frauen zu den Körpern von Leuten migriert, die weit weg sind. Zu Feindkörpern. Geh weg, du Schmerz, tu mir nicht weh, Nataschka tu weh, von Fedot zu Jakow geh, und von Jakow zu irgendwem.

Wenn man lange in die Sonne schaut, hat man ihren Umriss noch einige Zeit danach vor Augen: wohin man auch blickt, das Echo der Sonne taucht auf und verdeckt, was man sieht. So ist es auch mit der Gewalt: wenn man lange draufschaut, sieht man nur noch sie, man sieht auch mit geschlossenen Augen nur Gewalt, man sieht im Traum Gewalt, doch eines Tages wird man wach und ist jemand anders, jemand, der oder die gar nicht mehr aufhören kann zu sehen. »Wo wart ihr die acht Jahre?«, fragt eine synthetische Stimme in dem Versuch, unseren Blick vom Krieg in die alles aufsaugende Leere der Demagogie zu lenken. Acht Jahre lang haben wir uns die Gewalt genau angeschaut, wir haben ihre Tricks gelernt, sind mit ihr vertraut geworden, haben uns die Augen, die Gesichtszüge, den Atem, die Mimik der Gewalt angeeignet. Wir sind mit der Gewalt verschmolzen, um sie zu stoppen. Wir sind zu ihr geworden, indem wir ihr widerstanden. Wir sind Landsleute kraft der Gewalt.

Wir sind nicht in der Lage, fremde Leiden anzuschauen, wir betrachten immer noch die eigenen. Wir klappen Susan Sontag zu, klappen Hannah Arendt zu, wir haben all das gelesen, während wir unsere Gefängnis- und Arreststrafen abgesessen haben, wir machen eine Flasche Wein auf, sie ist jetzt billiger als Binden. Sich betrinken oder nicht im Blute schwimmen? »Mama, deine Hände sind ja bis zum Ellbogen voll Blut«, kräht fröhlich ein russländisches Kind auf der festlich geschmückten Straße.

Ein ewiger 9. Mai bricht an, lass uns also darauf trinken, dass wir

nie mehr
das Wiederholte
wiederholen können

***

Ich schreibe, solange Licht in der Zelle brennt. Ein uniformierter Mann verwaltet heute mein Licht, der Mann leistet sich keine Grobheiten, ich habe das Gefühl, dass er über meine Anwesenheit hier ebenso verblüfft ist wie ich, und die Verblüffung mildert seine bürokratische, kaputtgearbeitete Redeweise.

Ich sitze allein in einer Zelle für fünf Personen, und womöglich werde ich die ganzen 15 Tage allein bleiben, vom 8. bis zum 23. Februar. Die vorige Nacht habe ich auf dem Fußboden einer schmutzigen fensterlosen Zelle im Twersker OMWD verbracht. Unter Zwang dorthin verfrachtet hatten mich zwei Männer in Zivil, die sich als Mitarbeiter der Kriminalpolizei vorstellten. Ironischerweise stürmten sie in dem Moment ins Café, als ich gerade eine Widmung für meinen Freund Pjotr in mein Buch »Mädchen und Institutionen« geschrieben hatte:

»Russland wird frei sein – und das feiern wir beide auf jeden Fall.«

Mit diesem Buch wurde ich einkassiert. In den kommenden 15 Tagen wird Russland offenbar nicht frei sein.

Im OMWD war ich sehr besorgt um meine Sachen. Als man mir Ohrringe und Ringe abnahm, kam ich mir vor wie ein Cyborg, dessen Körper sich in den die Haut berührenden Metallrundungen fortsetzt. Obwohl meine Hardware außer der ästhetischen keine Funktion hat, fühlte es sich an, als hätte man mir Kraft und Handlungsfähigkeit geraubt.

Heute ist mein erster Tag hier, und ich warte ungeduldig darauf, dass in der Zelle das Licht ausgeschaltet wird. Erst nach ein paar Tagen wird mir klar, dass ich das Recht habe, um das Ausschalten des Lichts zu bitten, ich muss bloß an die eiserne Tür hämmern, und der Aufseher schaut durchs Guckloch. Das stellt alles auf den Kopf, daran musst du dich erst mal gewöhnen: an die Tür wird nicht von außen geschlagen, du schlägst selber von innen dagegen.

In der Zelle des Twersker OMWD wurde das Licht nicht ausgeschaltet, also konnte ich nicht schlafen; während ich auf die Verhandlung wartete, saß ich, die Matratzen stanken alle, auf dem Boden. In der Zelle gab es keine Fenster, dafür sechs Meter hohe Wände, zwischen denen jedes Rascheln laut widerhallte. Ungefähr drei Stunden lang vergnügte ich mich damit, alle Lieder zu singen, die ich kannte. Von den ramponierten Wänden vielfach zurückgeworfen, kehrte der Klang meiner Stimme erfüllend und beruhigend in meinen Körper zurück. Ich sang mit jeder Stunde lauter und wunderte mich, dass keiner von mir verlangte, den Mund zu halten.

Während ich von Zhanna Aguzarova zu Taylor Swift wechselte, arrangierte ich die Dinge um mich herum, die ich hatte behalten dürfen: mein Buch, die blaue Strickmütze, den schwarzen Steppmantel, die Wasserflasche. An den Fingern, wo die Ringe fehlten, helle Streifen, wie Narben; etwas höher, auf den Innenseiten beider Arme, die dunklen Tätowierungen. Tätowierungen als Teil der Gefängniskultur sehe ich jetzt mit neuen Augen: sie sind nicht nur ein Kommunikationsmittel, sondern auch dein Eigentum, und zwar eins, das man nicht so einfach konfiszieren kann.

Abgenommen wird einem alles, womit man sich theoretisch umbringen könnte: Schnürsenkel, Gürtel, scharfe Gegenstände. Das bringt einen unwillkürlich dazu, über Selbstmordmethoden nachzudenken, auch wenn man so was gar nicht vorhat.

Mit einem eigenhändig geschriebenen Buch einzufahren, hatte natürlich etwas Symbolisches, aber vom praktischen Standpunkt aus war es total nutzlos: was habe ich mich damit gelangweilt. Ich wusste es auswendig, konnte mich deshalb nicht im Text verlieren, es war, als würde ich leere Seiten umblättern. Ich sehnte mich nach Action-Lektüre: dann wäre meine Aufmerksamkeit komplett beansprucht gewesen, ich hätte die schmutzige Zellendecke nicht mehr anstarren müssen, und die Wartezeit wäre, verdichtet, schneller vergangen.

In der Vollzugsanstalt, in die man mich am nächsten Tag bringt, ist es um Klassen besser als im OMWD. Bisher erinnert mich mein Aufenthalt hier vor allem an eine lange Reise in einem uralten Zug, in dem man alles, was einen umgibt, höchst ungern anfasst. Bloß fährt dieser Zug nirgendwohin, er vollzieht keine Bewegung im Raum – die einzige Fortbewegung, die er hinbekommt, ist die in der Zeit. Alle anderen Merkmale einer Zugfahrt kriegt man leicht zusammen: überall herumliegendes Essen, nur selten die Möglichkeit, sich zu waschen, Probleme mit heißem Wasser für Tee (gibt's hier nur drei Mal am Tag), praktisch keine Verbindung zur Außenwelt, und die Matratze zu berühren, ist grässlich.

Wie im Zug gibt es auch hier regelmäßig einen Halt, allerdings immer auf demselben Bahnhof: einmal täglich darf man einen Spaziergang in einem kleinen geschlossenen Hof machen, der mit 40 Schritten abgelaufen ist. Als ich raustrat, fielen in Zeitlupe große Schneeflocken. Der Spazierhof hat eine Gitterdecke (Himmel im Knast), und daran hingen riesige vielgliedrige Eiszapfen – wie die Kronleuchter in den sowjetischen Kulturpalästen. Ein festlicher und schöner Anblick.

Bei meinem ersten Spaziergang ging ich mir die Hofwände anschauen. Sie waren übersät mit Inschriften:

> mein Russland sitzt im Knast
> Liebe ist stärker als Angst
> Mascha Aljochina – 15 Tage + 15 Tage
> Ljussja Schtejn – 15 Tage

Tim Beszwet – 10 Tage für Aktion mit Pride-Flaggen
Putin das Arschloch
Nastja Resjuk – 10 Tage für Einzelprotest
Alina Iwanowa – 5 Tage für Repost
Rita Flores – 10 Tage dafür, dass ich rausging
Sergej Ross – 9 Tage für Ig-Stories während der Wahl

Als ich mir die eingeritzten Botschaften anschaute, weinte ich Tränen der Erleichterung: ich bin nicht allein. Mit diesen Inschriften, hinterlassen von Leuten, die ich kannte, fühlte ich mich nicht mehr so verloren. Die Schriftzüge sprachen zu mir und eröffneten die Möglichkeit von Kommunikation, also genau das, mit dessen Entzug ich bestraft werden sollte.

Meine Gedanken wurden von einer Stimme aus dem ersten Stock unterbrochen. Durch das vergitterte Fenster guckte ein Kerl mit dunklem geschorenem Kopf und fehlendem Schneidezahn fröhlich auf mich herunter:

»Wie heißt du? Wie viel hast du gekriegt? Oha, 15 Tage, ich nur fünf, Alkohol am Steuer. Allein? Wir sind hier, lass mal zählen, schon sechs. Für 'n Bild im Internet? Ach, 'ne Politische? Für Nawalny? Da fick dich doch … Schreib 'ne Eingabe, dass sie dich zu uns verlegen, mein ich ernst, was lachst du so, wir tun dir hier nix. Was denn für 'n Bild? Scheiße zusammengemalt, was? Hast du 'n Mann? Kinder? Jetzt sei nicht eingeschnappt, ich frag doch bloß. Wenn was ist, wir sind in Hütte 1, brauchst nur zu pfeifen.«

Ich versprach, ein Päckchen Käse in Hütte 1 bringen zu lassen. Und kam in gehobener Stimmung vom Spaziergang zurück. Erstaunlich, dass selbst so ein Gespräch einem das Gefühl geben kann, noch bei Verstand zu sein. So füllte sich mein Zug langsam mit Reisegefährten.

KETTE DER SOLIDARITÄT

mascha
katja
kristina
polina
dascha
sonja
oxana
lölja
wir stehen
nastja
stehen
anja
stehen
jula
kalt
julia
kalt
jula
warm, wärmer
wir stehen
wic im turnunterricht
stehen
nummer eins
stehen
nummer zwei
sitzen
im knast
nicht im knast

frau in freiheit
im knast
in freiheit
im knast
in freiheit im knast
liebt mich
liebt mich nicht
liebt mich
liebt mich nicht
liebt mich
rose
mimose
nelke
aster
kamille

liebt mich
liebt mich nicht
ljubow
ljussja
kira
sweta
karina
3 jahre
20
42
art 54
§ 20.2
auf bewährung
vorzeitig
wir stehen
zusammengefügt zu wörtern
die es nicht gibt im wörterbuch
des russischen

russe
das gerichtsverfahren
wird auf russisch geführt
du bist russin
sprich russisch
du hast einen russischen namen
fatima
lejsan
gauchar
lija
lilija
nailja
wir stehen
dascha
sonja
oxana
lölja
olga
stehen
he sagt mal
ist das 'ne warteschlange oder was
he sagt mal
was steht ihr hier rum
he sagt mal
was habt ihr unter den klamotten
he sagt mal
in wessen auftrag macht ihr das
he sagt mal
wer bezahlt euch

schlampe
aas
bitch
luder

fotze
krepier
wir stehen
schließen die augen
sehr kalt
kalt
warm
warm
wärmer
wind
warmer wind
warmer salziger wind
gras
warmes gras
warmes salziges gras
goldenes gestiebe
silbernes spinnennetz
wir stehen
stehen
kommt mädchen wir stehen
den spann gedehnt
den bauch eingezogen
kommt nicht-mädchen wir stehen auch
halten
halten
stehen
warme salzige lippen
der geliebten des geliebten
schmaler weißer träger
auf gebräunter schulter
blumen weitergegeben
von hand zu hand
vierter schwangerschaftsmonat
ein schweißtröpfchen

hervorgetreten auf der blüte
trockene gräser, ihr abdruck auf der haut
erster tag der menstruation, kleiner stein im bauch
insekt, im briefumschlag gelandet
ein bernsteintropfen

ein tropfen im meer
briefe an politische gefangene
ein sternbild
angetreten
in einer linie
dascha
mascha
larissa
nastja
irina
wir stehen
über staatsgrenzen
stehen
spüren die beine nicht
stehen
im knast
stehen
in verschiedenen sprachen
stehen
und wenn wir stehen
ist jeder mensch ein schritt
jede von uns ein schritt
wind
gras
eine erste schwalbe

goldenes gestiebe
silbernes spinnennetz

***

Da ich in der Arrestzelle im Grunde nichts zu tun habe, ist der Abstand zwischen Realität und Schreiben minimal: Etwas passiert, und ich versuche, es gleich festzuhalten. Keine Ahnung, wie man das nennt – dokumentarische Prosa, Autofiktion oder Reportage.

Eben war der tägliche Kontrollgang mit drei Leuten bei mir. Ich habe festgestellt, dass Polizistinnen stabil mehr gegen mich haben als Polizisten. Das zeigte sich auch beim Kontrollgang. In der Zellenwand ist ein winziges Loch, auf dem Boden fand ich einen kleinen Nagel, und beides zusammen erlaubte mir, einen selbstgezeichneten Kalender mit meinen Hafttagen an der Wand zu befestigen. Meine Uhr hat man mir abgenommen, aber ich möchte unbedingt den Fahrplan meines Zuges verfolgen. Also, es war die Frau, die beim Kontrollgang erklärte, das DIN-A5-Blättchen dürfe nicht an meiner Wand hängen, das sei nicht zulässig.

Ich war übrigens nie ein Fan von Terminplanern, Kalendern, To-do-Listen, Stimmungstagebüchern und ähnlichen spätkapitalistischen Produkten, die unsere Zeit verwalten. Aber hier gibt mir das Kraft. Ich werde mir diese 15 Tage nicht aus meinem Leben stehlen lassen. Ich will sie so verbringen, dass ich mich harmonisch und beschäftigt fühle. Für jeden Tag mache ich mir eine kleine Liste von Dingen, die ich tun könnte. Ich werde es sogar schaffen zu arbeiten.

Gestern wurde mir zum ersten Mal eine Sendung von draußen ausgehändigt, ich hatte sie sehnlich erwartet. Vor allem: Slips zum Wechseln, Shampoo, Schlafmaske, Gesichtscreme, Bücher, Kaffee. Man brachte mir zwei Riesentaschen; während ich sie auspackte, redete ich laut mit jedem Gegenstand: sie herauszunehmen und zu sortieren, machte mir viel Freude.

Auf dem leeren Nachbarbett breitete ich die Dinge aus, die mich beschützen sollten: das glänzende Döschen mit Silberglitzer, der bordeauxrote Lippenstift, den ich ohne Spiegel auflegen kann, Bücher und Schreibpapier. Als ich verhaftet wurde, hatte ich meinen »Viva la vulva«-Shopper dabei, mit dem ich im Dezember ans Meer gefahren war, und unten im Shopper fand ich, der Beschlagnahmung entgangen, einen kleinen Kiefernzweig und ein paar Muscheln. Die breitete ich auch neben mir aus, ihr wahrer Wert offenbarte sich mir erst jetzt. In dem nackten Raum, wo alles am Fußboden festgeschraubt, in derselben Farbe gestrichen und durch kaltes Licht gebleicht war, erinnerten mich diese kleinen Dinge daran, dass mich ein Urlaub erwartete, wenn ich nicht am Tag meiner Freilassung erneut verhaftet würde.

***

Für Galja Rymbu, die mit ihrem Mann und ihrem Sohn in Lwiw lebt

die Frau, die auf dem Platz ihren Hidschab anzündet,
die Hände wie einen brennenden Vogel in die Luft
geworfen
die Frau, die von Soldaten zu Tode gefoltert wird,

vergewaltigt und zerstückelt wird, gefilmt wird, ins Netz gestellt wird
die Frau, die ihren Sohn vor der drohenden Mobilmachung im Keller versteckt
die Frau, die ihren Sohn verloren hat und ihn als Held betrachtet, weil sein Tod vollkommen sinnlos war
die Frau, die eine Kontaktgruppe für Aktivistinnen mit PTBS leitet
die Frau, die sich in Untersuchungshaft die Pulsadern aufschneidet, nachdem sie ein halbes Jahr ihre Kinder nicht gesehen hat
die Frau, die wegen einer Strafanzeige das Land mit einem einzigen Koffer verlässt, den fremde Hände gepackt haben
die Frau, die von die Wohnung stürmenden Polizisten geweckt wird
die Frau, die von der Sirene des Luftalarms geweckt wird
die Frau, die im Keller sitzt und hört, wie Soldaten durch ihr Haus laufen
die Frau, die vor den Augen ihres Kindes vergewaltigt wird
die Frau, die von Silowiki entführt und an einen Ort verschleppt wird, von dem man nicht zurückkommt
die Frau, die wegen Stress eine Fehlgeburt erleidet
die Frau, bei der, kurz nachdem sie zur Flüchtenden wurde, Gebärmutterhalskrebs diagnostiziert wird
die Frau, deren Haus vor ihren Augen abgebrannt ist
die Frau, die für das Recht kämpft, im Hörsaal der Universität den Hidschab zu tragen
die Frau, die gezwungen wird, ihrem Gott abzuschwören

die Frau, die gezwungen wird, fremde Götter
  anzuerkennen
die Frau, die gezwungen wird, die Staats-
  angehörigkeit des Aggressorstaates anzunehmen
die Frau, mit der man verfährt wie mit besetztem
  Gebiet
die Frau, die auf unzulässige Tätowierungen
  untersucht wird
die Frau, von deren Sachen nur noch eine
  Zahnbürste übrig ist und von deren Familien-
  angehörigen niemand mehr
die Frau, deren Zuhause in einem Gebiet liegt, wo
  sich die Grenze verschiebt
die Frau, deren Schicksal, geschlagen zu werden,
  unter dem Schutz des Staates steht
die Frau, die kein Geld für Binden oder Tampons
  hat
die Frau, deren Damm erst bei der Geburt verletzt
  wurde und dann durch eine Gewalttat
die Frau, die auf einer Trage neben der zerbombten
  Geburtsklinik stirbt
die Frau, die ihr Kind im Keller stillt
die Frau, die ihren russländischen Pass gegen einen
  ukrainischen eingetauscht hat und von einer Mine
  zerrissen wird
die Frau, die Texte über Diktatur und Krieg
  geschrieben hat und während einer Reportage von
  einem Geschosssplitter durchbohrt wird
die Frau, die eine männliche Militäruniform für sich
  umnäht
die Frau, die Splitter aus Wunden operiert und die
  Wunden zunäht
die Frau, die massenhaft Antikriegslosungen klebt
  und dafür eine Strafe absitzt

die Frau, die mit dem Unbekannten schläft, von dem
es abhängt, ob sie eine Wohnung kriegt
die Frau, die starr auf einen Punkt blickt
die Frau, die die Augen schließt und sich ausmalt,
dass sie bis zur Brust in goldschimmerndem Wasser
steht
die Frau, die am ganzen Körper ein leichtes Kribbeln
spürt
die Frau, die an ihre Mädchenzeit zurückdenkt und
sich selber zulächelt
die Frau, die sich überall zu Hause fühlt
die Frau, die andere Frauen sieht und ihnen über
Staatsgrenzen hinweg zuwinkt
die Frau, die sich daran erinnert, welches Essen sie
tatsächlich gerne mag
die Frau, die umgeben ist von drei Generationen
Frauen

von Frauen, die nicht geschlagen
nicht vergewaltigt
nicht gefoltert wurden

von Frauen
deren Körper nicht von Politik und Krieg zerschlissen
sind

deren Stimmen in allen Sprachen singen
wie in der eigenen

***

Mir gefällt, dass dieser Text keinen Anspruch darauf erhebt, eine einzigartige Erfahrung abzubilden, dass er nicht zum ersten Mal von etwas Zeugnis ablegt, sondern sich ganz im Gegenteil zwischen zahlreichen solcher Texte verliert, dass er einfach ein weiteres Beispiel weiblicher Lager- und Gefängnisprosa ist.

Heute steht mir ein Anruf zu, ich werde meinen Mann bitten, mir Jewgenia Ginsburgs »Marschroute eines Lebens« mitzubringen oder Kira Jarmyschs Buch »Abenteuer in der Frauenzelle Nr. 1«. Ich will mich mit den Erfahrungen anderer umgeben, um mir klarzumachen, dass ich noch gut weggekommen bin, um nicht in Katastrophenstimmung zu verfallen. Aber gleichzeitig will ich mir nicht das Recht aufs Beschreiben nehmen, obwohl das hier noch kein Gefängnis ist (und im Gefängnis sitzen gerade viele Leute).

Jetzt begreife ich, was die politische Gefangene Alla Gutnikowa meint, wenn sie schreibt, im Vergleich zu einer Gefängnisstrafe sei ihr Hausarrest ja nicht so schlimm. Wir armen Mädchen, sogar in solchen Situationen fühlen wir uns wie Hochstaplerinnen, die den Platz von jemand anderem besetzen. Nein, eher andersherum: die nicht den »richtigen« Platz besetzen. Wo es wirklich hart ist, nicht so wie bei uns. Der Platz der Frau in der Küche, der Platz der Frau im Widerstand, der Platz der Frau im Gefängnis.

Vor dem Abendessen sah der Arzt bei mir herein, weil ich mit Ohrenentzündung und Fieber eingeliefert worden war. Ich wurde ins Behandlungszimmer einen Stock höher gebracht. Bekam ein Thermometer und einen Stuhl. Unser Schweigen unterbrach der Arzt mit der Frage, ob mir die Vorhänge im Behandlungsraum gefallen würden. Die Vorhänge mit ihren beigefarbenen Glanzblümchen gefielen mir ehrlich gesagt überhaupt nicht, aber ich war dermaßen froh, etwas anderes als schmutzig blaue Wände zu sehen, dass ich nickte. Ob nun aus Langeweile oder aus Mitgefühl, der Arzt hatte es nicht eilig, mich wieder loszuwerden.

Er erzählte, er habe die Vorhänge von zu Hause mitgebracht, um dem Raum einen gemütlicheren Anstrich zu geben, und wies zur Bestätigung auf ein kleines grünes Sofa und ein Landschaftsbild. Während das Thermometer mein Fieber maß, forschte er nach, warum ich hier sei. Erzählte von seiner Ausbildung, davon, wie er als Rentner lebt, wie ihm der Job gefällt. Ich war sogar für so ein Gespräch dankbar und beteiligte mich aktiv, und schließlich fragte ich, ob Mascha Aljochina in Zelle 7 sitzen würde. Man hatte uns extra getrennt, damit wir uns die Arrestzeit nicht mit interessanten Gesprächen versüßen konnten.

»Die Aljochina, klar, die ist öfter bei uns, gut, ich bin ja nur dazu da, um die Leute zu behandeln, ich fälle kein Urteil darüber, was das für Leute sind, Ljoscha Nawalny hat zwei, drei Mal bei uns eingesessen, o ja, an den erinnere ich mich, so ein höflicher Typ. Ehrlich gesagt, ich höre zum ersten Mal, dass jemand eine Strafe wegen so einer Sache absitzt wie Sie.«

Das Fieber war nicht gesunken. Ich fühlte mich seltsam, so, als könnten die Wirklichkeit und ich nicht zur selben Zeit am selben Ort zusammenkommen. Der Arzt gab mir Novalgin und Glyzin, und ich wanderte zurück in meine Zelle.

Nach dem Abendbrot dachte ich darüber nach, dass es immer möglichst viele Zeugenberichte geben sollte, weil nur wenige Texte in die Zukunft vordringen. Dabei geht es gar nicht mal um Anerkennung oder so etwas, sondern darum, dass jeder Text über den Terror ein abgeschossener Pfeil ist, dünn und zerbrechlich, der meistens sein Ziel verfehlt oder im Flug abgefangen wird. Nur wenige Texte treffen ins Schwarze, nur wenige Texte dringen zu anderen Menschen vor, und dabei spielen immer Glück oder eine Kette von Umständen eine Rolle. Die eigenen Versuche sind der Einsatz, um die Chancen aller zu verbessern.

***

den Richtwerten nach
soll die Länge eines Massengrabs
20 m betragen
die Breite 3 m
die Tiefe 2,3 m

das Erarbeiten des betreffenden Leitfadens
ging planmäßig vonstatten

nichtstrukturmäßige Formationen
der Kräfte der Zivilverteidigung
werden folgende Arbeitsschritte durchführen:

das Ausheben der Grube für die Einrichtung des
Massengrabs
das Vorbereiten der Grube für die Bestattung der
Leichen (sterblichen Überreste)
das Vorbereiten der Leichen (sterblichen Überreste)
der Umgekommenen für die Bestattung

das Auslegen der ersten Schicht der Leichen
  (sterblichen Überreste) der Umgekommenen im
  Massengrab
das Bedecken der ersten Schicht der Leichen
  (sterblichen Überreste) der Umgekommenen mit
  Erde
das Auslegen der zweiten Schicht der Leichen
  (sterblichen Überreste) der Umgekommenen im
  Massengrab
das Bedecken der zweiten Schicht der Leichen
  (sterblichen Überreste) der Umgekommenen mit
  Erde
das Bedecken des Massengrabs mit Erde

das Vorbereiten des Leitfadens
ging planmäßig vonstatten

für die Beerdigung von 1000 Menschen
müssen zwei Einheiten Pioniertechnik
und 16 Mann aus dem Personalbestand
der Kommandos zur schnellen Leichenbestattung
hinzugezogen werden

die Arbeit zum Erarbeiten
dieses Leitfadens
ging planmäßig vonstatten
im Lichte der neuen Erfordernisse
der staatlichen Entwicklung

erklärte der Repräsentant

alles verläuft nach Plan
wir lassen die Unsren nicht im Stich

erklärte der Repräsentant

arbeitet Brüder
um weder Land noch Grab
um den Buchstaben Z
mit Leichen zu legen
nach Plan nach Vorgabe

erklärte der Repräsentant

***

Heute Abend habe ich wie immer russisch gesprochen.

Wir haben im kleinen Zimmer gesessen und Wodka getrunken. Meine Freundin sagte: »Wir müssen endlich raus aus dem Land.« Mein Mann sagte: »Vorher sollten wir noch unsere Krankenversicherung ausnutzen und zu allen Ärzten gehen.«

Mir tut ein Zahn weh, und ich will nicht zum Zahnarzt.

Mir tut der linke Eierstock weh, und ich will nicht zum Gynäkologen.

Ich habe Angst.
Ich habe die Arztbesuche so lange aufgeschoben,

dass das jetzt kein einfacher Arztbesuch mehr ist, sondern ein körperorientierter Abschied von der Heimat, der verfickten Heimat, deren unübersehbarer Körper mir Angst einjagt, wenn ich mit ihm unter vier Augen bin.

Wir müssen endlich raus aus dem Land.

Ich habe diesen Satz nie ernst genommen, ich habe ihn zehn Jahre lang jeden Tag von verschiedenen Leuten gehört und immer darüber gelächelt – mich betrifft das nicht. Ich stamme aus Omsk, ich bin mit dem Satz groß geworden: Aus Omsk kommst du nicht weg, versuch's erst gar nicht. Aber ich bin weggekommen.

Wenn man nicht rechtzeitig zum Zahnarzt geht, kann die Wurzel des kranken Zahns absterben. Und wenn nun dasselbe mit mir passiert? Eines Tages wache ich auf und weiß nicht mehr, wie man das da auf Russisch sagt. Es kann sein, dass ich in Russland bleibe, aufwache und nicht mehr weiß, wie das da auf Russisch heißt, dieses Gefühl, wenn im Lift von deinem Haus plötzlich 1488 an der Wand steht oder wenn deine Freundin dir schreibt, dass sie verfolgt wird – wie heißt das bloß auf Russisch, in der Sprache deiner Heimat?

Vorher sollten wir noch zu allen Ärzten gehen. Uns mit dem Mund voll Erde schlafen legen. Eine warme Steppenfüchsin auf den Bauch packen. Ich habe mich immer heimat- und familienlos gefühlt, aber als du gesagt hast: Wir müssen endlich raus aus dem Land, schlug mein Herz plötzlich an verschiedenen Orten gleichzeitig; man könnte sie mit einer unsichtbaren Linie zu einer Reiseroute verbinden, aber das werde ich nicht tun.

Ich fürchte mich davor, Migrantin zu sein. Ich sehe, was es heißt, Migrantin zu sein. Ich verliere alles, obwohl ich nichts habe. Niemand wird verstehen, wie ich wirklich spreche, welche komplexen, prachtvollen Gedanken ich in meinem Kopf denke. In einer Fremdsprache schaffe ich das nie. Und werde unsichtbar, mit meinem behandelten Zahn, meinem gesunden Eierstock und meinem aufgeplusterten Ego. Jetzt mal im Ernst, ist es DAS DA, was dich erschreckt?

Manchmal empfinde ich mich als ungeheuer ausgedehnt, als außerhalb der Zeit. Mich schrecken weder Gefängnis noch Hausdurchsuchungen noch Gewalt. Und dann schrumpfe ich jäh zu einem schweren, schmerzenden Punkt, und diesen Punkt spüre ich tief unter meinem Zahn und tief drinnen im Bauch. Ich werde zu einem pulsierenden, nagenden Zweifel – und kann außerhalb der Heimat nicht existieren. So fühle ich mich.

Kürzlich habe ich einige Namen von Verfolgten und politischen Gefangenen auswendig gelernt, für den Fall, dass alle unsere Listen gelöscht werden. Wenn jeder ein paar Namen lernt, schaffen sie es nicht, unser Gedächtnis zu liquidieren. Schade, dass das so nicht funktioniert.

Für den Präsidenten werden Reden über Polowzer und Petschenegen geschrieben. Ghostwriter und Referenten gehen am Samstag nicht ins Wochenende, am Samstag gibt es mehr Arbeit als sonst. Ihre Texte – das ist eben einfach Arbeit.

Wie gut, dass wir das mit der Hypothek nicht mehr geschafft haben, sage ich.

Die erste Zeit werden wir zu dritt wohnen, das ist billiger und einfacher, sage ich.

Idiotin, sage ich.

Wir müssen endlich raus aus dem Land, sage ich.

Ich gehe nicht weg, sage ich.

Ich schreibe ewig an diesem Text, um nicht wegzumüssen, ich gehe nicht zum Arzt, lieber verfaule ich bei lebendigem Leib in der Heimaterde, sage ich.

Was soll der Scheiß, sage ich.

Führst hier eine Tragödie auf, sage ich.

Dein Zuhause ist da, wo du am Leben bist, sage ich.

Ich bin Patriotin, sage ich.

Ich fürchte mich, sage ich.

Warum haben Politiker Angst davor zu sagen, dass sie sich fürchten?

Warum gilt ein Text wie dieser als peinlich und defätistisch?

Warum gilt ein Verlustgefühl nicht als emanzipatorisch?

Eines Tages wache ich auf und weiß nicht mehr, wie man das da auf Russisch sagt. Und es wird gar nicht zum Fürchten sein.

***

Wo wart ihr die acht Jahre? – wir nahmen, Blumenkränze auf dem Kopf, am Marsch des Friedens teil, wir waren zufällig auf dem Bolotnaja-Platz, wir versuchten, erwachsener zu wirken, als wir waren, 18-jährig, 20-jährig, wir saßen nachts auf den Betten im Studentenwohnheim, Nemzow war ermordet worden, wir quetschten uns alle in ein Zimmer und saßen stumm vor den Computerbildschirmen, die unsere Gesichter bis zur Unkenntlichkeit weiß färbten.

Wo wart ihr die acht Jahre? – wir rannten vor dem FSB-Typen weg, der bei uns im Studentenrat aufgetaucht war, küssten uns zwischen nassem Flieder, der irgendwie nach Mandelstam und Jugendstil roch, spielten in der Metro die ukrainische Hymne auf dem Handy ab, lernten, politische Begriffe auszusprechen, und schämten uns für unsere Aussprache, guckten zu, wie Männer auf Kundgebungen ins Megaphon sprachen, sprachen selber ins Megaphon, sprengten propagandistische Vorlesungen über den Flächenbrand orangener Revolutionen, gaben auf dem Platz der drei Bahnhöfe warme Mahlzeiten an Obdachlose aus, besuchten Kinderheime, beteten in Kirchen, belogen unsere Mütter in der Küche, hassten schöne Frauen, verpassten zu viel mit unseren beschissenen –10 Dioptrien.

Wo wart ihr die acht Jahre? – wir liefen jeden Tag mit Plakaten herum, halfen Gewaltopfern, waren Gewaltopfer, wurden vergewaltigt, wurden geschlagen, rasten vor Wut, unterrichteten Kinder, konnten uns nicht im Spiegel angucken, waren unfähig, »nein« zu sagen, lernten, »ja« zu sagen, wiederholten die Worte anderer und schämten uns dafür, sagten eigene Worte und schämten uns dafür, glaubten an gewaltlosen Widerstand, sprachen mit wem auch immer, weinten nach jedem Gespräch.

Wo wart ihr die acht Jahre? – ich suchte Schuldige, war Schuldige, arbeitete für den Staat, wurde wegen Aktivismus entlassen, schuf Räume, in denen man keine Angst hatte, Raum einzunehmen, schuf Räume, in denen es keine Luft gab, schrieb Gedichte, die die Welt nicht veränderten, schrieb Artikel, die die Welt nicht veränderten, las Gedichte und Artikel, die nicht die Welt, aber mich veränderten, versuchte zu helfen, wenn man mich darum bat und wenn man es nicht tat, sammelte Spenden, spendete Geld, ging wählen, versuchte, eine Zukunft zu entwerfen, versuchte, eine Zukunft zu bauen, in der sich das Utopische nicht auf Gleichheit und Gewaltlosigkeit beschränken würde, lernte, den Horizont der Utopie nicht zuzustellen, lernte, zuzuhören und zu schweigen, wenn andere sprechen.

Wo wart ihr die acht Jahre? – ich war hier, ganz nah dran, hab existiert und mich distanziert, zu wenig und zu viel auf mich genommen, mir Solidarität beigebracht, war zentrifugal und zentripetal, horizontal und vertikal, hab Scheiße gebaut und um Verzeihung gebeten, hab geheult in der Therapie und schallend gelacht, gezittert, wenn Polizisten an die Tür schlugen, in der Arrestzelle gesungen, mich für was Besseres gehalten und gar nichts von mir gehalten. Ich war hier, und deshalb kann ich niemals so tun, als wäre ich nicht hier gewesen, als beträfe mich das alles nicht und als ginge es nicht um mich, doch die Wahrheit ist, dass *mich das alles nicht betrifft und dass es nicht um mich geht*, dass ich nicht ins Zentrum dieser Erzählung gehöre, die sich unter Beschuss, Kugeln und Splittern ereignet, einer Erzählung, die sich ausgehend vom Geheul des Luftalarms kreisförmig verbreitet.

***

Seit heute früh habe ich einen Verehrer in Hütte 4, Rustem aus Baku. Rustem wurde wegen Drogenbesitzes verhaftet, er sitzt 15 Tage. Unsere Zellen gehen übereck auf den Hof raus, sodass ich, wenn ich aus meinem vergitterten Fenster gucke, in weniger als zwei Metern Abstand seines sehe. Als er meine Geschichte gehört hat, sagt er laut, Putin wäre ein Arschloch. Das war das Erste, was mich heute zum Lachen gebracht hat. Wir haben ungefähr drei Minuten geredet, aber seitdem denkt Rustem jede Stunde daran, dass es mich gibt. Er pfeift, er schreit, er ruft »Daschenka«, wirft Zwieback ans Fenster, klopft an die Wand. Wenn er an meiner Zelle vorbei zum Mittagessen gebracht wird (aus unerfindlichen Gründen kriege ich mein Essen in die Zelle, während er in der Kantine isst), trommelt er an meine Tür. Der uniformierte junge Aufseher ermahnte ihn sogar und erklärte ihm, man müsse die »Privatsphäre« anderer respektieren. Ein Polizist, der mich vor Übergriffigkeit beschützt – das ist schon ziemlich schräg.

***

Bereits den dritten Morgen in Folge bin ich meinem Leben dafür dankbar, dass ich 2021 zusammen mit anderen »Femdatscha« organisiert habe, einen Rückzugsort für Aktivistinnen mit Burnout. Ein halbes Jahr lang haben wir Praktiken zur Selbsthilfe vermittelt, so dass ich mir jetzt sogar in der Zelle ein Retreat einrichten kann. Weil ich alleine bin, kann ich mir jeden Tag eine Menge Ereignisse und eine feste Struktur schaffen.

Morgengymnastik, sorgfältige Hygiene (so weit das hier möglich ist), ich serviere mir mein Frühstück auf Plastikgeschirr, mache mich schön, singe, lese, schreibe, lasse keinen Hofgang aus. Das Ziel einer solchen Haft wie meiner ist simpel: die Aktivistin in der Aktivistin abtöten, um andere abzuschrecken; meine Kraft und meine Gesundheit untergraben. Ich tue alles, um bei Kräften zu bleiben – dann hat die Strafe nicht den vorgesehenen Effekt.

Ich trinke viel Wasser und pisse viel. Die Toilette hat keine Spülung, da ist einfach nur ein Loch, also fülle ich eine Flasche mit Wasser und spüle selber nach, damit es nicht riecht. Als ich eingeliefert wurde, bekam ich eine Toilettenbürste ausgehändigt. Die Vorstellung, ich müsste meine eigene Scheiße in diesem funktionsuntüchtigen Klo irgendwie das Loch hinunterbefördern, hat mich tief gekränkt und gleichzeitig amüsiert. Erstaunlich, wie verpimpelt ich doch bin: Als Erstes habe ich in der Zelle jede einzelne Oberfläche mit einem Feuchttuch abgewischt.

Mit dem Stuhlgang gibt es Probleme, ob das nun an den Nerven liegt oder an der veränderten Ernährung. Genauer, das Problem besteht in seinem kompletten Ausbleiben. Ich verstehe gar nicht, warum ich so diskret darüber schreibe, als wäre das hier nicht bloß eine Notiz auf einem Blatt Papier und ich nicht von Gittern und Mauern umgeben. Ich sag's, wie es ist: Scheißen geht hier einfach nicht.

Schon den zweiten Tag massiere ich mir den Bauch, fühle aber nur seinen prallen Widerstand. Ich nehme fast kein Eiweiß zu mir, nur Kohlenhydrate, viel Brot, kaum

Ballaststoffe. Vermutlich liegt es daran. Oder mein Körper möchte mir das Loch im Boden möglichst lange ersparen.

Im Gerichtsgebäude bin ich extra drei Mal zur Toilette gegangen, weil ich wusste, dass ich nicht so schnell wieder eine Kloschüssel zu Gesicht bekommen würde. Und außerdem zog ich mich zum Weinen dorthin zurück. Ich wollte nicht, dass Majorin Zymbalowa oder die Polizisten meine Tränen sehen, dabei weine ich gerne und gut. Die eigenen Tränen zu zeigen, ist weder ein Zeichen von Schwäche noch ein Grund für Scham, Tränen sprechen oft von Kraft und Schönheit – aber in meinen Augen haben die Silowiki bisher weder das eine noch das andere verdient.

***

Manchmal stirbt ein Mensch, und du kennst so viele Leute, dass du nicht mehr weißt, was der Mensch mit dem leuchtenden Gesicht für dich bedeutet hat, der vorgestern gestorben ist.

Du gehst auf seine Facebook- oder Instagram-Seite, guckst, was euch verbunden hat, ob ihr euch geschrieben habt. Siehst, dass du auf seine Freundschaftsanfrage nicht geantwortet hast. Drückst auf »annehmen«. Fertig, jetzt seid ihr Freunde für immer.

Ich lehne eine Anfrage von Toten niemals ab, auch wenn ich sie nicht kenne. Ich verweigere Toten nie etwas. Ich stelle mir vor, wie die elektrischen Impulse, die von ihrem Leben ausgehen, mich berühren und mit meinem

Herzschlag zusammenfallen. Das erweitert nicht meine Erinnerungen an die Person oder meine Anteilnahme, darin steckt etwas anderes, als hieltest du dein Gesicht in einen Sommerregen, und ein schwerer Tropfen fiele dir auf die Zunge und vermischte sich mit deinem Körper wie eine satte Signalfarbe. Dieselbe, die auf deinen Wangen glüht, wenn du jemandem deine Liebe gestehst. Oder deine Lüge.

Meine toten Freunde lügen nicht, und sie versetzen mich nicht. Ich glaube, diejenigen, die sie wirklich kannten und liebten, hassen solche wie mich, die sich vom literarischen Setting verführen lassen und Leute in ihr Narrativ ziehen, die nichts mit ihnen zu tun hatten. Guck, dieser Tote ist denselben Sängern gefolgt wie du. Und dieser Tote schrieb »Nein zum Krieg« und wurde während seiner journalistischen Arbeit von Splittern tödlich verletzt. Und dieser Tote hat dir geschrieben, und du wurdest verhaftet und hast ihm nicht mehr antworten können.

Tote Accounts, digitale Glühwürmchen, funkelnde grüne Lichter. Sie: zuletzt online um 22:13. Er: zuletzt online um 07:25. Andere: kürzlich gesehen. Nachrichten und Texte, in denen Verben im Präsens der ersten Person Singular stehenbleiben. Ich liebe. Ich will. Ich verstehe nicht.

Wir, die die Toten studieren, glauben, dass sie mit uns reden. Dass sie uns etwas mitteilen, über uns. Dass sie uns begleiten wie geisterhafte Bildlegenden, dazu berufen, einander unsere Handlungen und Ideen zu erklären. Die Toten werden instrumentalisiert von unserer Fantasie, vom Staat, vom Krieg, von Liebe, Hass, Kunst, Politik, Erinnerung. Die Toten sind anthropomorph, durchinterpretiert und abgeschlossen, wir glauben, wir könnten sie in jede Richtung lesen, von jeder Seite an, ab der Mitte oder von hinten nach vorne. Wir statten sie mit unseren Kausalbeziehungen aus, indem wir die Punkte verbinden, die für uns sichtbar sind.

Die Toten stellen uns jeden Tag auf die Probe, während sie unser Bewusstsein und unseren Körper erfüllen. Ich bin ihnen dankbar, für ihre Freundschaft und für die erhabene Stille, in der mein Geist sich wie ein Kosmos ausdehnen kann, besiedelt mit all diesen Schauern und Sternen.

***

Vor dem Hofgang heute habe ich mir einen Kuli in die Manteltasche gesteckt. Ich wollte auch eine Botschaft an der Wand hinterlassen und Teil der endlosen Kommunikation werden, die eines Tages jemand anderen unterstützen würde. Meinen Namen und die Arrestdauer schrieb ich zu den Namen von Freunden und Bekannten – anderen Aktivisten, die hier ihre Tage abgesessen hatten. Ich hatte Angst, dabei erwischt zu werden, doch nur die bekannte Stimme aus dem ersten Stock ertappte mich auf frischer Tat.

Derselbe Mann fing an, mir zum zweiten Mal dieselben Fragen zu stellen. »Was willst du eigentlich mit deiner Politik, berühmt werden, oder was?« Ich hatte keine Energie zum Diskutieren, deshalb winkte ich nur ab und verzog mich in die andere Hofecke.

Selbst bei einer so kurzen Haftzeit wie meiner wirst du mit dem Besten und dem Schlechtesten in dir konfrontiert. Mein lebenslanges Bestreben, ein braves Mädchen zu sein und es allen recht zu machen (und zuzulassen, dass sie mich fressen, wie Marina Tjomkina schrieb), kam unter der Obhut der Silowiki mit überraschender Heftigkeit zum Vorschein. Ich wollte still, klein und kümmerlich sein, um Mitleid zu erregen. So reagiere ich offenbar in bestimmten Fällen auf Gefahr. Sei lieb – dann fressen sie dich nicht. Sei lieb – dann erlauben sie dir vielleicht, ein paar Minuten länger zu telefonieren. Sag »danke« und »guten Tag« – vielleicht lassen sie dich dann raus? Als Autorin von »Mädchen und Institutionen« kenne ich natürlich die geringe Bereitschaft des Systems, sich an Vereinbarungen zu halten. Aufgewachsen unter den Bedingungen häuslicher Gewalt, habe ich andererseits wohl schlicht versucht, den Aggressor nicht zu reizen. Und insgeheim gewusst, dass mir das nicht hilft.

In der Vollzugsanstalt wird dir so gut wie nichts erklärt. Die Bedingungen und Gepflogenheiten hängen vom jeweiligen Aufseher ab und von seiner Bereitschaft, Regeln zu übertreten. Mal darf man um das Ausschalten des Lichts bitten, mal nicht. Mal darf man Essen in die Hütte nebenan bringen lassen, mal nicht. Wo kommt der Müll hin? Darf man eine Tüte mit Lebensmitteln aus dem Fenster hängen? Medikamente in der Zelle aufbewahren? Wie sieht der Tagesplan aus?

Dafür habe ich kürzlich von draußen ein Radio gekriegt, und meine Freunde versuchen, mir bei »Radio Datscha« ein Lied zu wünschen. Jetzt kann ich Musik hören, eine riesige Erleichterung. Heute bin ich zu »Mädchen, ach Mädelchen, Augen so blau« und zu irgendwelchen Liedern von Ewa Polna auf dem Bett herumgehüpft. Ich bekomme viele Sachen, Bücher und Lebensmittel von draußen.

Dann wieder fühle ich mich unwohl, wenn mir klar wird, dass meine Nachbarn jenseits der Wand praktisch nichts von draußen bekommen. Dort sitzen zehn Männer, Leute aus der RF und ein paar Migranten. Ich werde also meine Freunde um mehr Essen bitten, um etwas davon in andere Hütten bringen zu lassen. Nicht vergessen: heute sollen sie noch Käse und Äpfel kriegen.

***

Auf Putins Tod

jeden Tag das Feld der Wald
Gräser frisch und Ähren alt
prophezei'n dass eine Kugel
dir in Stirn und Schädel knallt

»geh krepier« – so singt der Bach
»geh krepier« – der Vers ihm nach
den die Reihe gold'ner Wölkchen
in den blauen Himmel stach

ich hör Vogelzwitschern zu
alles wärmt mich was ich tu
du dagegen auch im Tode
findest nirgends deine Ruh

ei popeia frohgemut
Paradies es geht uns gut

auferstand'ne Edelhirsche
trinken hier dein totes Blut

***

Ich möchte das Wort »Krieg« deklinieren.

Der Krieg, des Krieges, dem Krieg, den Krieg. Wohin? In den Krieg. Wo? Im Krieg. Nie wieder Krieg. Doch wieder Krieg.

Seit fünf Monaten engagiere ich mich in der Feministischen Antikriegsbewegung. Von diesen 140 Kriegstagen habe ich eine bestimmte Anzahl in Russland verbracht. Dann musste ich ausreisen.

Musste? Wieso eigentlich? Was hätte mich sonst erwartet? Keine Ahnung. Irgendwie kann ich mir trotz allem nicht vorstellen, ins Gefängnis gesteckt zu werden. Nachts wache ich verschüchtert in dem anderen Land auf, dem wir ebenfalls ein großes Stück von seinem Territorium genommen haben, um mir in der Küche ein Glas eiskaltes Wasser zu holen, das dieses Land mir zur Verfügung stellt. Ich wache auf und versuche aus Gewohnheit, auf der falschen Seite vom Bett aufzustehen – offenbar ist der Körper mit dem Einschlafen plötzlich wieder zu Hause, in einem anderen Raum-Zeit-Gefüge, in dem er noch schlafen kann.

Der Krieg wird für alle zur Routine. Für die Odessiten, die am hochexplosiven Meer in der Sonne liegen. Für die Antikriegsaktivisten, die in der Schlange vorm Gericht schläfrig auf der Stelle treten. Für die Polizisten mit den schweißüberlaufenen Augen, die davon träumen, bei der Hitze heute keinen durch die Reviere schleifen zu müssen. Für die Mitarbeiter der Beerdigungsinstitute, die die Fliegen von den Plastikkränzen für die nächste Fracht 200 verscheuchen.

Im Krieg ist jetzt Sommer. Der Krieg hat Sommer. Blut trocknet schneller in der Sonne, Blut verflüchtigt sich schneller im Gedächtnis russländischer Urlauber auf Sommerveranden, Blut benötigt keine Importsubstitution – es ist immer fremdes Blut. Aber dass es nicht schade drum ist, denken wir anscheinend auch schon vom eigenen.

Die Menschen wollen ihr Leben leben. Sogar Tote wollen ihr Leben leben. Die Leute wollen im Café sitzen, sich küssen, Kinder kriegen, sich gegenseitig die Hand unters feuchte T-Shirt schieben. Die Leute wollen keinen Krieg. Doch sie gehen in den Krieg, auch wenn sie ihn nicht wollen. Sie spalten sich auf und gehen hin. Guck, der Mann da ist an zwei Orten gleichzeitig – er küsst sein Kind auf die Stirn und schießt einem anderen eine Kugel in den Kopf. Wie kann man überhaupt über den Krieg reden? Worüber? Wovon? Vom Krieg.

Die Menschen wollen glücklich sein. Wer wegfährt, will Tourist sein und nicht obdachlos. Wer bleibt, will ein bisschen feiern, solange er oder sie in Freiheit ist. Wer aus dem Luftschutzbunker kommt – ich habe nicht das Recht zu sagen, was er oder sie will. Ich glaube, am Leben bleiben. Man muss am Leben bleiben, um glücklich zu sein.

Der Krieg, des Krieges, dem Krieg, den Krieg. Wenn wir nicht unsere Freiheit riskieren wollen, dürfen wir den

Krieg nicht Krieg nennen. Krieg nicht Krieg. Vom Krieg. Im Krieg, dem Krieg, keinen Krieg, nein zum Krieg. Wenn ich Krieg dekliniere, fühle ich, wie das Wort seinen Sinn verliert, zu einer unverständlichen Lautfolge wird. Kriegaskriechtakrakkrrrch. Das Wort so lange wiederholen, bis es zu einem widerlichen blutigen Gemansche wird. So dass es niemand jemals wieder wiederholen kann.

***

die Zartheit, mit der die Erinnerung den Zerfall deines Hauses hinauszögert, ist nicht zu ertragen.
zarte, feine Risse, die sich verzweigen wie Blitze, wie ein Hirschgeweih.

langsam aufflatternde brennende Flaggen – die einzigen Flaggen, die ich gutheiße – brennende Trikoloren, die sich in Asche verwandeln: ich wünsche Asche meinem Haus.

oh, wie ich Asche wünsche meinem Haus.

ich werde nur dann Wärme spüren, wenn es brennt. an so einem Feuer würde ich mich wärmen, ohne meine Tränen zurückzuhalten. ich nehme mein Haus in Besitz, wenn es in Flammen steht. ich bin wie ein Tier, dem man ein Zeichen eingebrannt hat: mein schwelendes Haus ist immer in mir. es äußert sich als Verbrennung.

ich schließe die Augen, um zu fühlen, wie meine Beine bis zum Knie in kühlem Gras stehen. um eine Hand auf meinem Rücken zu spüren und Atem in meinem Nacken. Asche fliegt von unten in die Höhe, und ich bin Fleisch vom Fleisch dieser Asche. jeder Kuss von mir ist Asche, jedes Haar ist Asche, mein Haus ist Asche, herabgesunken auf einen abartigen Lorbeerkranz.

mein Haus hat mich versengt. die Zartheit, mit der die Erinnerung mein Verbrennen hinauszögert, ist nicht zu ertragen. zartes, feines Feuer, das auseinanderfließt wie eine Blutlache. Flaggen, blutdurchtränkt – die einzigen Flaggen, die mir geblieben sind, sie wollen einfach nicht brennen, sie qualmen und verströmen den schwarzen Geruch eines fremden Landes.

***

in der Arrestzelle ist alles an seinem Platz
die Möbel sind am Boden festgeschraubt
mit großen Schrauben

jeden Morgen der Kontrollgang
die flüchtige Durchsuchung
fremde Finger betasten
deine Siebensachen
was suchen sie?

ich lächle jeden Uniformierten an:
guten Morgen
guten Tag
wie viel Uhr ist es, bitte?
danke für das Teewasser

ich werde zu einem stillen
höflichen Interface
während mein Bewusstsein

am Boden von Zelle 5 festgeschraubt ist
mit großen Schrauben
und der fügsame Körper
an seinem Kopfende sitzt

wir haben uns gespalten
indem wir fremden Befehlen gehorchten
indem wir ihnen nicht gehorchten

wir sind aufgeplatzt und an der Oberfläche
quillt vulkanische Materie hervor
goldenes Magma
das, erstarrend,
draußen dampft
während des uns zustehenden Hofgangs

wir spazieren im Hof
von 40 Schritten Länge
nun schon die zweite Woche
eine Meise dort liegt unberührt
die Flügel sanft und leicht geöffnet
das eingefallene Köpfchen schneebedeckt

ich will sie streicheln
aber ich berühre sie nicht
vielleicht aus Respekt vor ihrem Tod
oder vor dem Tod schlechthin
vielleicht aus Respekt vor meiner Freiheit
es nicht zu tun

während der Kontrollen
verstecken wir unsere dampfende Wunde
unsere tektonische Verschiebung
wir ziehen eine stramme zweite Haut über

unter der man nicht sieht
wie ein anderes Subjekt ausgeworfen wird

in der Arrestzelle ist kein Spiegel
am Ende der ersten Woche hast du vergessen,
wie dein Gesicht aussieht
»mit einem Spiegel kann man sich töten«
sagt der Uniformierte
und ich widerspreche nicht
stelle mir vor, wie gespiegeltes Blut
fließt, mal zwei genommen

mit einem Spiegel kann man töten
wenn man sich darin nicht erkennt
man kann sich das Leben nehmen
und sich das eines anderen holen

der imstande ist, einen toten Vogel zu beleben
mit seinem trockenen Atem aus Asche
oder das richterliche Hasenfußgemurmel
der Urteilsverlesung zu stoppen

der imstande ist, die Spaltung zu überwinden
und auf der Spur des Herzens zu migrieren
von Körper zu Körper, von Grenze zu Grenze
wie von Haus zu Haus
doch nicht wie von Zelle
zu Zelle

***

Auf den Tod von Darja Dugina

Die noch nicht erkalteten Körper der toten Ideologen entmenschlichen meinen Text bis zur Unkenntlichkeit.

Ich glaube, nicht einmal Körper werden von ihnen zurückbleiben, es bleiben nur Asche, Rauch und das Gefühl von Aktivkohle im Mund, Kohle, die man krampfhaft ohne Wasser zu schlucken versucht.

Dies ist mein erster Tanz auf einem Grab – und ich vollführe ihn zynisch und freudig und habe nichts dagegen, dass meine Körpersprache sich militarisiert.

Dieser Text folgt der Explosion auf den Fersen, ohne taktvolles Abwarten, ohne Ehrfurcht vor fremder Trauer, er folgt den Geboten des Vaters – töten, töten, töten –, und so hat der Vater auch seine Tochter getötet, instrumentalisiert und getötet. Rebellion fand nicht statt – Fleisch kam zu Fleisch, Asche zu Asche, der Apfel zum Stamm.

Vater, der du voller Grauen ins Feuer mit deiner Tochter starrtest – ich habe in dir die Zukunft gesehen, es war das einzige Mal, dass du wie ein Prophet aussahst und Prophet warst in deinem Vaterland, du hättest mir leidgetan, aber solche wie du haben dafür gesorgt, dass solche wie ich nichts mehr fühlen. Ihr wolltet Macht über uns – da habt ihr sie.

Dies ist ein monströser Text, geschrieben von einem Monster, geschrieben über Monster. Die Frage, ob zwischen uns überhaupt noch ein Unterschied besteht, bleibt offen. Der Krieg, der sich in uns spiegelt, verändert unsere Spiegeloberfläche. Ich sehe dich an, der du ins Feuer siehst, und höre Kurjochins frühe Musik, in der du dich noch nicht einnisten konntest.

***

Ich kann mich des Eindrucks nicht erwehren, dass Leute, die gegen ihren Willen ihr Heimatland verlassen, noch lange danach blutleer wirken. Aktivisten, die ich von früher kenne, sind meistens gebräunt, wenn ich sie in den verwinkelten Gassen von Tbilissi treffe, aber unter der Sonnenbräune lauert etwas Kränkliches und Anämisches. Seit Beginn der Invasion und besonders seit meiner Emigration meide ich, wenn irgend möglich, Bekannte – bei ihrem Anblick wird mir schwarz vor Augen, als wäre ich zu schnell aufgestanden, um wegzulaufen. Ich muss wohl mal mein Blut auf Eisen untersuchen lassen.

Ich habe mir noch nie im Ausland Blut abnehmen lassen. Mein Land vergießt gerade das Blut anderer auf fremdem Staatsgebiet. Die Ärztin im Labor rammt mir die Nadel in die Vene, Blut läuft den Arm runter, wir lachen, es tut weh, aber ich danke ihr auf Georgisch. Ich fühle mich blutleer, mir ist schwindlig.

Einmal habe ich vor einem Café geraucht und zufällig gehört, wie ein junger Typ von seinem Bruder an der Front erzählte, der schon einen Tapferkeitsorden bekommen habe. Der Typ sprach russisch, so dass ich dachte, ich hätte einen Russländer vor mir, einen Putinisten und Kriegsbefürworter, der aus irgendeinem Grund in Tbilissi abhing. Ich wollte gerade loslegen, dass er sich verpissen solle. Da kam noch einer dazu, der Typ wechselte ins

Ukrainische, und ich wechselte die Straßenseite, fluchte vor mich hin und stellte mir vor, was für eine Situation ich da heraufbeschworen hätte.

Auch die Georgier wissen offenbar nicht immer, ob sie es mit Ukrainern oder Russen zu tun haben. Einige Male wurde ich schon mit »Slawa Ukraine« begrüßt, Ruhm der Ukraine. Habe ich das Recht, »Gerojam slawa« zu antworten, Ruhm den Helden? Weiß man, dass ich keine Ukrainerin bin, sondern Russländerin mit ukrainischem Familiennamen? Wenn ja, will man vielleicht meine Einstellung testen? Ruhm den Helden, Ruhm den Heldinnen.

In Tbilissi habe ich mich mit meiner ehemaligen Psychotherapeutin aus Kyjiw getroffen. Ich glaube, wir haben genau in dem Moment aufgehört, Therapeutin und Klientin zu sein, als sie in den Luftschutzbunker stieg. Der Krieg verschiebt nicht nur die Grenze zwischen Staaten oder zwischen lebendig und tot, er verschiebt alle nur möglichen Grenzen, aber ich war nicht im Krieg, ich kann nur Vermutungen anstellen. Ich weiß noch, wie sie sagte, vorerst könne sie nicht Kontakt mit mir aufnehmen, im Bunker gebe es fast keine Internetverbindung. Ich antwortete nach alter Gewohnheit, das mache nichts, wir würden dann wohl später telefonieren. Ein halbes Jahr später sitzen wir in Tbilissi, und ich suche nach Worten, um sie nach dem Krieg zu fragen. Ich kann nur von der Diktatur berichten.

Ich habe immer gedacht, Schreiben wäre ein Schutzraum. Aber Schreiben kann niemanden vor Bomben und Explosionen schützen. Die Wände des Schreibens sind die dünnsten Wände der Welt, dünner als ein Blatt Papier. Ich bin mir nicht einmal sicher, ob sie überhaupt existieren. Um das Schreiben über mich inmitten der Katastrophe zu rechtfertigen, mache ich alles andere nicht für mich. Nur im Schreiben bin ich identisch mit mir, und dafür will ich mich nicht schuldig fühlen. Selbst wenn ihr jetzt kommt und sagt, dass ich kein Recht auf diese Art von Schreiben habe, werde ich die Achseln zucken und hierbleiben, ich kann nirgendwo anders hin. Für mich ist Schreiben unaufhörlich wie das Sein und unverzichtbar wie das Atmen. Doch wenn ihr mir den Tod wünscht, kann ich das, glaube ich, ohne Zorn und Kränkung akzeptieren.

Seit ich Russland verlassen habe, fühle ich mich, als hätte ich verdorbenes, abgestandenes Blut in mir. In mir hat sich irgendetwas verlangsamt. Ich glaube nicht, dass Mensch und Land von Anfang an durch eine unsichtbare Nabelschnur miteinander verbunden sind, ich empfinde eine solche Verbindung nicht als etwas Natürliches oder Naturgegebenes. Sie baut sich im Laufe vieler Jahre auf, und meistens wird sie nur durch Leid errungen. All diese Jahre habe ich gelernt, mein Land zu lieben, und doch konnte ich nie begreifen, was genau ich da geliebt habe.

***

Mascha und ich sind »Politische«. Wie ich schon mitgekriegt habe, hat dieser Status seine Vor- und Nachteile.

Vorteile:
wir stehen unter dem Schutz der Öffentlichkeit;
uns gegenüber werden seltener Regeln verletzt.

Nachteile:
die Anweisungen von oben sind strenger;
wir dürfen keinen Kontakt mit anderen haben.

Heute war die Zelle vom frühen Morgen an voller Luft und Sonne. Wer hätte gedacht, dass ich das Herannahen des Frühlings auf diese Weise spüren würde. Ich öffnete die Fenster, durch die Metallgitter waren nasse Tannenzweige zu sehen, überall tropfte tauender Schnee. Die Morgenkontrolle belustigte mich: Der neuen Aufseherin blieb der Mund offen stehen, als sie sah, wie viele Lebensmittel, Gegenstände und Bücher ich hier hatte. »Willkommen in der VIP-Zelle«, sagte ich munter und stellte die klassische Musik leiser, die aus meinem Radio klang. Heute wartete ich besonders sehnsüchtig auf den Hofgang, ich wollte das Tageslicht noch mitkriegen.

Als man mich endlich rausließ, war die Zeit des Lichts schon vorbei und der Hof in die schmuddelige Februardämmerung gehüllt, die kaum später als drei Uhr nachmittags anbricht. Der Hof, ein Innenhof, bestand nur aus Mauern, das heißt, rein technisch gingen die Fenster vom Parterre auf ihn hinaus, aber sie waren entweder mit Backsteinen vermauert oder von innen komplett mit Kinderbettlaken zugehängt. Auf dem Sims eines der toten Fenster lag eine tote Meise. Ihre Flügelchen waren sanft und leicht geöffnet, der Kopf in den kleinen Körper gesunken. Ich hätte sie so gerne angepustet, mein Atem ein warmes Dampfwölkchen, aber ich hatte Angst vor ihrem Tod.

Am Morgen des fünften Tages wurde ich zum ersten Mal zum Frühstück nicht wach: ich fühlte mich, als hätte ich die ganze Nacht unter einem toten Körper geschlafen statt unter einer Decke. Erst als der Kontrollgang kam, stand ich auf: heute waren es zwei Frauen und ein Mann. Eine der Frauen war mir schon aufgefallen: eine weißblonde Beißzange, schlimmer als alle anderen, die die brüllenden Häftlinge in der Nachbarzelle mühelos kleinkriegte. Heute nahm sie mir meinen matten bordeauxroten Lippenstift weg, unter dem Vorwand, er habe ein Gehäuse aus Metall. Vor zwei Tagen hatte sie mir schon Medikamente weggenommen, die der Arzt mir gegeben hatte. Als die Tür sich hinter ihnen schloss, setzte ich mich aufs Bett und bekam einen richtigen Weinkrampf. Keine Ahnung, warum es dieser Lippenstift war, der mich schließlich zum Heulen brachte. Ich machte mir Vorwürfe, ihn nicht ordentlich versteckt zu haben, aber dass gerade er beschlagnahmt werden könnte, hätte ich nie gedacht. Ich konnte mein Spiegelbild nicht sehen, kam mir aber allmählich kränklich und farblos vor.

Als man mir plötzlich mitteilte, ich hätte Besuch (während der ganzen Arrestzeit war nur einer erlaubt), empfand ich nichts. Das Gespräch mit meinem Mann, nach dem ich mich natürlich gesehnt hatte, verlief für mich wie im Nebel. Wir hatten nur zwanzig Minuten, mussten uns im Besuchsraum an den Tischenden gegenübersitzen und durften uns nicht umarmen. Es gab da einen Tisch, zwei Stühle und ein Abflussloch im Boden, offenbar für den Fall, dass jemand während des Wiedersehens mit seinem Besuchspartner seine Notdurft verrichten wollte.

***

Das Erste, was ich als Kind über Atomwaffen gehört habe, war, dass sie für das Gleichgewicht und die Sicherheit aller nötig sind.

»Ohne Atomwaffen geht's nicht, die brauchen alle«, sagten die Männer beim Abendessen und schnüffelten nach dem Herunterkippen starken Alkohols nachdrücklich an den Hinterköpfen der Kinder, die sie zu fassen kriegten.

»Wenn ich bei mir zu Hause den Atomknopf hätte, wäre von diesen Amerikanern und Chinesen schon lange nichts mehr übrig«, sagten sie unter zustimmendem kehligem Gekoller zueinander.

Seitdem spürte ich diesen pulsierenden roten Knopf in mir, der immer kalt war vom Altmänneratem des Kalten Krieges – den Knopf, der für Gleichgewicht und Sicherheit nötig war und der mich und die anderen jeden Tag vorm Tod bewahrte. Ich verstand das Ganze auf meine Art: um zu leben, musst du den Knopf unaufhörlich drücken, denn sobald du müde wirst und der Druck von deinem Finger nachlässt, flammt die Welt auf und erlischt zugleich, wie ein Bildschirm, und versinkt in Finsternis. Das konnte ich nicht zulassen, und deshalb kontrollierte ich den Druck unentwegt, obwohl der Knopf durch meinen Körper wanderte und an unterschiedlichen Stellen auftauchte, manchmal an den geheimsten und verletzlichsten.

Die Erwachsenen waren gut in Gleichgewicht und Harmonie, sie führten ständig die »War-Life-Balance« im Munde: man dürfe nicht nur für den Todestrieb leben, manchmal wenigstens müsse man aus voller Brust durchatmen, denn das Morgen komme ja vielleicht nie wieder. Die

War-Life-Balance ist eine hochwichtige Fähigkeit, die man von früher Kindheit an beigebracht kriegen muss. Uns wurde sie auch beigebracht: zuerst guckten wir im Fernsehen, wie Bomben auf Grosny geworfen wurden, dann liefen wir Suppe essen, aus der man die ganzen gekochten Zwiebeln fischen musste. Auf dem Hof spielten wir Krieg: die gefangenen Jungen und Mädchen saßen traurig bis zum Ende des Spiels auf der Bank und stocherten mit Stöcken in der Erde. Viele baten darum, sofort mit den Stöcken erschossen zu werden, damit sie aus dem Spiel ausscheiden und nach Hause gehen konnten, zurück ins Zivilleben.

Niemand auf der ganzen Welt wusste, dass der echte Atomknopf bei mir war. Gerade wälze ich ihn unter meiner Zunge wie ein leicht salziges Metallbonbon. Und jetzt pocht er in meiner Handfläche wie ein kleines Hühnerherz. Oder er taucht ab zwischen die Beine – und ich werde rot, es fühlt sich an, als würde der Knopf etwas Verbotenes und Erwachsenes mit mir teilen.

Einmal haben die Männer bei uns am Tisch mich schrecklich gekränkt. Sie lachten über meine Gedichte, die ich damals bei jeder Gelegenheit mit viel Gefühl vortrug. Ich verkroch mich in die hinterste Ecke der Wohnung und weinte wild, bis in meinem Kopf ein ungeheuerlicher Plan reifte. Ich würde sie bestrafen. Ich würde aufhören, den Knopf zu drücken – und kein Mann könnte jemals wieder über mich lachen, weil es keine Männer, kein Ich und kein Gelächter mehr geben würde. Eine War-Life-Balance, von der man nur träumen kann.

Ich lauschte in mich hinein – der Knopf befand sich heute in meiner Brust, zwischen den beiden Lungen. Ich kniff die Augen fest zu, mobilisierte meine ganze Willenskraft und hörte auf zu drücken.

Ein paar Minuten saß ich da, ohne die Augen aufzumachen. Brennt schon die ganze Erde? Hat das Ende der Welt angefangen? Bin ich noch am Leben?

Aber aus der Küche ertönte weiterhin dasselbe Männerlachen. Offenbar fühlten sich die Männer entspannt, im Gleichgewicht und sicher. Sie wussten, dass ihr kostbarer Knopf die ganze Zeit in den verlässlichsten Händen war, in den Händen des Diktators, und dass dieser ihm bis zum Schluss dienen würde.

Sie sagen, wenn ich groß bin, kann ich auch Diktator werden.

***

was fühlst du, wenn du beobachtest,
wie Imperien sich gegenseitig mit den Augen
    ausziehen?
unter der Sonne welcher Utopie
glüht dein Gesicht?

hörst du in deinem Blut noch
das ungeduldige Pochen der Zukunft?
oder ist dein Blut ein Blut, in dessen Strom
rückwärts die Leichen unbekannter Feinde treiben?

willst »du« noch die Freiheit,
die sich von den Grenzen deines Atems
bis zu seiner Grenzenlosigkeit erstreckt?

weißt du noch, wie wir die Kerze auf der
  Festtagstorte nicht ausblasen konnten,
doch die brennende Steppe löschten, als wir durch
  die Tränen aller auf sie blickten?

jetzt nehmen wir den Kurieren stumm die Gaben aus
  den Händen, schauen den Kurieren nicht in die
  Augen,
und wissen nicht, in welcher Sprache man über die
  Freiheit reden kann

wie man in der Sprache der Freiheit leben kann
welche Zeitformen diese Sprache hat
wie man darin die Zukunft ausdrücken kann, die sich
  wie verlorene Zeit anfühlt,
aber bereits meinen Körper berührt
und dort auseinanderlaufende Kreise hinterlässt

so leben, als wären wir aus der Zukunft zurück-
  gekehrt
Zeitreisende ohne Gedächtnis, bemüht, sich zu
  erinnern
an das, was noch nicht geschehen ist

***

Der ganze Tag heute war angeschlagen und von Krämpfen heimgesucht wie ein Magenkranker. Mein Magen tat mir übrigens wirklich weh, vom Essen wurde mir übel.

Aus der Nachbarzelle ertönten grausige Schreie. Rustem warf sich mit voller Wucht gegen die Eisentür und brüllte, man solle ihn telefonieren lassen.

»Ihr Schweine, meine Mutter stirbt! Sag dem Chef, meine Mutter ist krank, ich muss wissen, wie es ihr geht, du Hurenstück!«

Die Blondine antwortete: »Und was kann ich dafür?«

»Drecksau, hast du eine Mutter? Ob du eine Mutter hast, frag ich dich? Macht die Tür auf!«

Rustem schluchzte jetzt heiser. Die Bullen vor der Tür sagten, wenn er nicht aufhören würde zu schreien, würde die ganze Zelle bestraft, und keiner würde sein Handy kriegen.

Ich war verstört, und Rustem tat mir leid. Aber gleichzeitig begriff ich, dass ich Angst vor ihm hatte und wollte, dass er den Mund hielt. Sein Schrei »Hast du eine Mutter?« löste etwas in mir aus, was ich gerade gar nicht gebrauchen konnte. Die Sorge um seine Mutter konnte ich nicht teilen, und die Empathie, die die Frage offensichtlich in den Aufsehern wecken sollte, wollte sich bei mir nicht einstellen.

Beim Hofgang fühlte ich nur zu gut, dass mein Zustand zu wünschen übrigließ: mir zitterten die Knie, vor den Augen verschwamm alles, in den Schläfen zuckte es. Ich sah mir wieder die Inschriften auf den Mauern an und stieß auf eine Polemik, die sich offenbar monatelang hingezogen hatte:

GOTT
LIEBT
UNS

in einer anderen Schrift hinzugefügt
GOTT
LIEBT
UNS
nicht

in einer dritten Handschrift darunter
ES GIBT KEINEN GOTT

in einer vierten
ES GIBT GOTT

einer fünften
ES GIBT GOTT UND ER LIEBT UNS

Der Diskussion hatte ich nichts hinzuzufügen. Meine Vorstellung von Gott ließ sich mit allen diesen Redaktionen vereinbaren.

Mein Fensterbekannter rief mich während des Hofgangs an, um mir Grüße von Mascha auszurichten: sie hatte gestern Hofgang gehabt.

»Hör mal, wann hast du deine Bereifung?«

Ich guckte verblüfft hoch. Mein zahnloser Bekannter grinste übers ganze Gesicht, zufrieden mit seinem Witz. Ich musste lachen. Die Berufung ist morgen, wird aber wohl kaum etwas ändern.

***

Nacht in der Zelle. Beim trüben Deckenlicht lese ich weiter die Biografie von Susan Sontag. In der Akte, die das FBI gegen Sontag geführt hat, war ein Foto von ihr mit dem Zusatz »passende Fotografie des Objekts«. Meine Akte, die mein Verteidiger und ich vor dem Prozess kurz einsehen konnten, enthielt Fotos von mir aus meinem Pass und den sozialen Netzwerken. Anhand der Ähnlichkeit der Gesichter sollte bewiesen werden, dass der Post, für den mir Extremismus vorgeworfen wird, tatsächlich von mir stammt. Mein Passfoto, auf dem ich 20 bin, lag neben einem Instagram-Foto, auf dem ich 28 bin. Zwei völlig unterschiedlich aussehende Personen, sogar ich hätte Mühe, eine Ähnlichkeit festzustellen. Auch mein Foto hatte den Zusatz »passende Fotografie des Objekts«. Fragt sich nur, wem sie passt.

***

Jetzt habe ich also bekommen, was ich wollte: man hat mir eine Nachbarin in die Zelle gesetzt. Als Zellennachbarin hatte ich mir natürlich immer eine andere Verfolgte des Regimes vorgestellt, mit der ich unsere hehren Nöte reflektieren würde, und auf keinen Fall eine heisere junge Frau mit Zahnlücken, die für fünf Tage eingesperrt wurde, weil sie während eines Besäufnisses mit dem Messer auf ihren Partner losgegangen war.

Ich, ein absolut raffiniertes und in vieler Hinsicht privilegiertes Mädchen, verfolgte verdutzt, wie meine Mitbewohnerin in meinen Sachen wühlte und das Angebot, meine Zahnpasta zu benutzen, mit der Begründung ablehnte, ihre Zähne würde sie nur dann putzen, wenn sie wegen des Belags allmählich an den Lippen festklebten.

Sascha legte sich auf Matratze und Kissen, ohne sie mit der Gefängnisbettwäsche zu beziehen. Mich umgab der Geruch nach ungewaschenem Körper und Alkohol. Ich war schockiert und empfand Abscheu vor mir selbst wegen der Art, wie ich Sascha beobachtete.

Ich gab mir Mühe, sie so nett wie möglich zu empfangen: erzählte vom Tagesplan, zeigte, wie man in der funktionsuntüchtigen Toilette spülen konnte, bot ihr zu essen an. Niedergeschlagen überlegte ich währenddessen, dass es nun viel schwieriger sein würde, auf die Hygiene in der Zelle zu achten. Seit meiner Kindheit in Omsk fürchte ich mich vor Leuten, die trinken und sich prügeln. Ich hatte immer das Gefühl, dass ein falscher Schritt genügen würde, um an ihrer Stelle zu sein. Auf jeden Fall habe ich viel mehr Anmaßung und Rassismus in mir, als ich gerne glauben würde. Nach einer Stunde Nachbarschaft sprang Sascha von der Matratze, zog sich den Slip runter und zeigte mir ihre blutdurchtränkte Binde. Ich machte mich innerlich über die Jahre des Feminismus lustig, die mich auf diesen Moment der totalen Entstigmatisierung der Menstruation vorbereitet hatten. Morgen muss ich Sascha nach ihrer Geschichte fragen. Ein Text entmenschlicht dein Gegenüber, als wäre er eine weitere Zelle, eine Zelle in der Zelle, und das will ich nicht.

Eine halbe Stunde später wurde Olga zu uns gebracht. Olga war wegen Fahrens in alkoholisiertem Zustand zu zehn Tagen verurteilt worden. Sascha ist 23, Olga 42. Olga hat einen eigenen Verkaufsstand für Schaschlik. Sie redet ohne Punkt und Komma. Als sie sagte »Mädchen, wozu habt ihr euch gegen Covid impfen lassen«, steckte ich mir Stöpsel in die Ohren. Dann vernahm ich, dass Covid von der Weltregierung angezettelt worden war, und bemühte mich, sie mit meinem Gesichtsausdruck nicht zu kränken. Es versprach eine lange Nacht zu werden, denn augenscheinlich hatten meine Nachbarinnen nicht vor zu schlafen.

Sascha warf Binden nach mir und knurrte von Zeit zu Zeit, gleich würde sie aufstehen und mir eins überbraten. Sie hatte etwas gegen meine Bücher, mein Radio und mein Essen. Das Essen verschlang sie deshalb in einem irren Tempo. »Fick dich, was liest du so 'n Scheiß, du blöde Kuh, ich reiß dir den Arsch auf.« Klar, von außen betrachtet musste ich einfach unsympathisch wirken: Ohrstöpsel, Berge von Klamotten, säckeweise Zeug von draußen. Etwas später wechselte Sascha die Tonart und verkündete, sie würde sich jetzt eins von meinen Büchern zum Lesen nehmen. Aus dem Riesenstapel zog sie meins, ohne zu wissen, dass es meins war. Aus unerfindlichen Gründen bekam ich Angst. Sie las mein Buch und rauchte in der Zelle, im Bett, ohne die Fenster zu öffnen. Während ich sie betrachtete, sank ich langsam in schweren Schlaf.

Ein paar Stunden später weckten mich geschriene Mutterflüche. Sascha schrie vor Langeweile zur Decke hoch. Olga hielt ebenfalls nicht für einen Moment den Mund: sie erzählte Sascha, die überhaupt nicht zuzuhören schien, von der Beziehung zu ihrem Kerl. Dabei marschierte sie unablässig von einer Wand zur anderen. Anscheinend existierten in ihr zwei verschiedene Frauen: die eine war stolz darauf, dass sie »diesem Hurenbock Hörner aufgesetzt« hatte, für die andere war er ihr Ein und Alles. Während ich schlief, hatte Sascha sich durchs Fenster mit den Männern in der Nachbarzelle angefreundet. Weil die Fenster übereck waren, konnte man sich, wenn man auf der Fensterbank saß, unterhalten und sogar Zigaretten und Streichhölzer weitergeben. Von Zeit zu Zeit zog Sascha den Slip runter, drehte ihren Hintern zum Fenster und schrie: »Wichsen erlaubt!«

Morgens beim Kontrollgang raunte mir ein Anstaltsmitarbeiter zu: »Ich hab dir doch gesagt, dass es alleine besser ist.«

***

Heute ist eine Verfinsterung, und weil ich das weiß,
scheint die Sonne in bläulichen Strängen,
man kann sich unmöglich daran gewöhnen, dass in
unserem neuen Hof
schwere Blutgranaten hängen,
und daran, dass die Kinder hinter unserem Rücken
in faule Klementinen kicken,
und daran, dass der Krieg zu uns in Satz und Wortschatz kam,
zu anderen aber kam er ins Haus
und sprengte es in die Luft.

Mit neun wurde ich mitgenommen, um mir eine Finsternis anzusehen, und zwar durch ein Röntgenbild meiner eigenen Rippen. Um nicht zu erblinden, schaute ich durch meinen aufgenommenen Brustkasten, aber die Sonne schien mir näher als mein Skelett, als meine Stofflichkeit und Fleischlichkeit, meine Zerbrechlichkeit und Sterblichkeit. Die Erythrozyten in meinem Blut waren weiter von mir entfernt als die Sterne. Sterne kannte ich, Erythrozyten noch nicht. Im Altertum galt eine Verfinsterung als Vorzeichen für einen Krieg, sagte mein Vater. Er arbeitete in einer Kinderstrafkolonie, und ich hatte keinen Grund, ihm nicht zu glauben.

Heute ist eine Verfinsterung und der 20. Jahrestag der Erstürmung des »Nord-Ost«, das war 2002, ich war neun, heute bin ich 29, ich lese eine minutiöse Rekonstruktion des Terroranschlags und begreife, dass es in meiner Kindheit keinen Krieg in Tschetschenien gab, es gab überhaupt keinen Krieg außer dem Großen Vaterländischen, es gab weder Afghanistan noch Tschetschenien noch Georgien, nichts gab es, nur Russland, mächtiger Wille, gewaltiger Ruhm, wie ein Wal die Weiten meiner konstruierten Fantasie durchschwimmend, ich saugte das Imperium auf wie ein Schwamm, ich zeichnete Russlands Grenzen auf den Umrisskarten mit ein bisschen Abstand, damit es größer wirkte, damit es das größte war. Harmlose Kindergier oder *red flag*, die Flagge meines Landes?

Die Terroristen lassen den Verwandten der Geiseln ausrichten: »Demonstriert auf dem Roten Platz, fordert die Beendigung des Krieges, dann lassen wir alle Kinder frei.« Die Polizei lässt die Verwandten mit Plakaten wie »Nein zum Krieg« oder »Zieht die Truppen ab« nicht durch. Keine Zugeständnisse an Terroristen, nur Gewalt, nur Krieg. Keine Kundgebungen auf dem Roten Platz, weder damals noch heute, weder erzwungen noch freiwillig.

In letzter Zeit denke ich oft über politisch motivierten Selbstmord nach. Heute kommt es vor, dass Einberufene, mit einem Staat konfrontiert, der entscheidet, wo, wie und wofür sie sterben sollen, sich das Leben nehmen. Durch Kasernen und Einheiten geht eine Selbstmordwelle. Einige bringen sich zu Hause um, wenn sie die

Einberufung erhalten. Die Selbstmörder verschmelzen in den Nachrichten zu einem einzigen namenlosen Menschen, sie werden in ein Massengrab für die gelegt, die nie auf dem Schlachtfeld waren.

Der Akt des Selbstmords wird für viele zum ersten und letzten politischen Willensakt. Man sagt von ihnen – er hat's nicht ausgehalten, hat hingeschmissen, hat gekniffen. Männer tun so etwas nicht – das sagen Kriegsgegner wie Kriegsbefürworter. Er hätte als Held sterben können, hätte als Partisan bei einem Selbstmordkommando nicht nur sich, sondern auch noch ein paar Schergen des Putin-Regimes töten können, aber er starb als Feigling. Er hätte als Held für die Russische Welt sterben und dabei »ukrainische Nazis« mit in den Tod nehmen können, aber er starb als Feigling. Niemand sagt: »Er starb als politischer Akteur.« Niemand sagt: »Er hat sich getötet, um den Staat in sich zu töten.« Es wäre übrigens auch blödsinnig, so zu sprechen. Woher wollen wir wissen, was er töten wollte, als er sich umbrachte. Vielleicht tötete er etwas ganz anderes, als er sich umbrachte. Vielleicht wollte er den politischen Akteur in sich töten. Vielleicht wollte er einfach nur, dass alles ganz schnell vorbei war.

Wenn eine Frau sich aus politischen Erwägungen oder Überzeugungen umbringt, ist die Sache einfach: Hysterikerin, psychisch gestört, unglücklich verliebt, stadtbekannte Verrückte. »Können die Unterdrückten sprechen?«, fragte sich die Forscherin Gayatri Spivak und beschrieb die Geschichte ihrer Verwandten, die politisch motivierten Selbstmord begangen hatte.

»Ich weiß, dass eine Tante meiner Mutter sich 1926 erhängt hat, im Alter von 17 Jahren, weil sie sich einer antiimperialistischen Gruppe angeschlossen hatte. Sie konnte nicht töten, deshalb tötete sie sich selbst. Und sie wartete vier Tage, bis sie ihre Periode bekommen hatte, damit niemand denken sollte, sie hätte sich wegen einer außerehelichen Schwangerschaft das Leben genommen. Mit ihrer Aktion wollte sie ausdrücken, dass die Frauen nicht das Eigentum der Männer sind. Können Sie sich vorstellen, wie schwer es ihr fiel zu warten? Sie war also jemand, die sich mit ihrem Körper äußerte.«

Eine andere Frau wählte die Sprache des Feuers, um sich mit ihrem Körper zu äußern.

Die Journalistin Irina Slawina verbrannte sich im Jahre 2020 in Nischni Nowgorod vor dem Gebäude des FSB. »Ich bitte darum, die Schuld an meinem Tod der Russischen Föderation zu geben«, schrieb sie vor ihrem Selbstmord auf Facebook. Irina Slawina loderte auf und verlosch. Um 2015 herum hatte ich mit einer Freundin darüber gesprochen, dass man, wenn man in Russland Selbstmord begehen wollte, daraus eine sinnvolle Tat machen müsste, die allen Nutzen brächte: natürlich auf dem Roten Platz, und man müsste lauthals die Verbrechen des Regimes anprangern. Damals schien uns, so ein Tod könnte die Tyrannen hinwegfegen. Nach Irina Slawinas Tod wurde mir klar, dass viele von uns solche Tode schon ergeben hinnahmen, dass also das Feuer von meinem Körper vermutlich nicht auf die Häuser von Beamten und Silowiki überspringen, dass es nicht das Feuer der Revolution entfachen würde. An diesem Tag ging ich mit Tränen der Wut aus dem Haus. Ich lief mit einem Bogen Papier und einem Filzstift zwischen verfallenen Häusern und Garagen herum. Nach zwei Stunden hatte ich einen passenden Ort gefunden, schrieb »Irina Slawina«

auf den Bogen und verbrannte das Plakat. Das war der kümmerliche Tribut, den ich ihr zollte, mein Spielzeugfeuer zum Gedenken an ihre todbringenden Flammen.

Manchmal schreiben Leute an unseren Antikriegsbot, dass sie politisch motivierten Selbstmord begehen wollen. Wir versuchen ihnen das auszureden und verweisen sie an Psychologen. Einmal bekamen wir nachts einen Text: »Ich bin verzweifelt, was meinen Sie, wird der Krieg enden, wenn ich mich auf dem Roten Platz verbrenne?« »Bitte tun Sie das nicht«, schrieben wir mit zitternden Fingern an die unbekannte Person. »Höchstwahrscheinlich wird der Krieg nicht enden, wenn Ihr Leben endet.«

Haben die Geiselnehmer im Theater gedacht, dass sie den Krieg in Tschetschenien beenden können? Einer von ihnen sagte, ihr Todeswunsch sei stärker als der Lebenswille aller Geiseln zusammengenommen. Mit der vergifteten Milch des Krieges großgezogen, hatten sie die Bühne betreten. Ja, ich kombiniere zu weit voneinander entfernt liegende Körper in einem Text. Doch der Begriff der Distanz ändert sich mit dem Alter, und Erythrozyten sind mir heute näher als Sterne.

Einmal habe ich mir vorgenommen, die Namen aller Menschen zu notieren, die von der Politik verbrannt oder auf andere Weise geselbstmordet wurden, um einen Text über sie zu schreiben, aber das habe ich nicht lange durchgehalten.

1965 verbrannten sich fünf Teilnehmer von Antikriegsaktionen in den USA. Die erste war die 82-jährige Aktivistin Alice Herz;

solche Menschen nannte man »Lebende Fackeln«;

ein einberufener Rapper aus Krasnodar hat sich umgebracht, den Namen herausfinden, die Tötungsart herausfinden, hat Videobotschaft hinterlassen;

ein mobilisierter Soldat nahm sich bei der Truppe das Leben (zu viele Fälle, Namen notieren):

ein Mann verbrannte sich in Georgien aus Protest gegen die LGBT-Pride-Demo (habe einen Moment überlegt, ob ich ihn in die Liste aufnehmen soll, aber er ist ein politischer Akteur, wenn auch von der anderen Seite des Spektrums);

Wassil Makuch. Die erste Selbstverbrennung in der Sowjetunion, die explizit politischen Charakter hatte. Ein brennender Mann stürzte aus einem Hauseingang und rannte auf Kyjiws belebte Hauptstraße, den Chreschtschatyk. »Es lebe die freie Ukraine! Nieder mit den Okkupanten!«, schrie er auf Ukrainisch;

sowjetische Zeitungsartikel behaupten, Jan Palach habe sich nicht wirklich verbrennen wollen, es sei etwas schiefgegangen, er sei das Opfer von Verschwörern geworden: »Man hatte J. Palach versichert, die Mixtur, die er zu benutzen plane, werde lediglich eine ›Kalte Flamme‹ erzeugen, ein ›Leuchten‹«;

auch der Krimtatar Musa Mamut verbrannte sich selbst. 1975 war er aus Usbekistan, wohin man ihn als Kind mit seinen Eltern deportiert hatte, in seine Heimat auf die Krim zurückgekehrt;

ein Leichnam und daneben neunhundert Flugblätter, die mit den Worten endeten: »In der Sowjetunion kann man nur auf diese Weise protestieren.« Der Tote war Olexa Girnyk, er hatte gegen die Russifizierung der Ukraine aufbegehrt und sich am Grab von Taras Schewtschenko verbrannt. Seiner Frau sagte man, er sei bei einem Autounfall umgekommen;

2019 beging der udmurtische Philosoph und Gelehrte Albert Rasin im Alter von 79 Jahren vor einem Regierungsgebäude in Ischewsk Selbstmord durch Verbrennen. Er hielt zwei Plakate in den Händen: »Habe ich ein Vaterland?« und »Wenn morgen meine Sprache verschwindet, bin ich heute bereit zu sterben«;

auf der Straße und in der Presse kam in den 1920er und 1930er Jahren der Begriff »Strohfrau« auf – so wurden Bewohnerinnen von Zentralasien genannt, die sich selbst verbrannten. Damals fand in den zentralasiatischen Sowjetrepubliken die Kampagne »Chudschum« statt, deren Ziel es war, dass Frauen den Parandscha ablegten, Bildung erwarben und arbeiten gingen. Im Laufe der Kampagne wurden Frauen, die sich weigerten, den Parandscha abzulegen, von staatlichen Einrichtungen unter Druck gesetzt, während Frauen, die die Veränderungen begrüßten, von konservativen Männern bedrängt wurden. Viele Frauen, die den Parandscha ablegten, wurden umgebracht. Die zentralasiatischen Frauen, von zwei Seiten unter Druck gesetzt, wählten als Erste den Tod durch Selbstverbrennung. Von 1926 bis 1928 setzten 203 Frauen aus den mittelasiatischen Sowjetrepubliken ihrem Leben auf diese Weise ein Ende;

»Die Selbstverbrennung der Narodowolzin«. Das Bild hängt in der Tretjakow-Galerie am Krymski Wal. Dargestellt ist der Selbstmord der politischen Gefangenen Maria Wetrowa (1897); als Reaktion darauf revoltierten die Studenten, 850 Personen wurden verhaftet. Maria Wetrowa hatte sich verbrannt, weil sie die Haftbedingungen nicht aushielt. Sie übergoss sich mit Petroleum aus einer Lampe.

Heute ist eine Verfinsterung, und weil ich das weiß,
scheint die Sonne in bläulichen Strängen,
man kann sich unmöglich daran gewöhnen, dass in
unserem neuen Hof
schwere Blutgranaten hängen,
und daran, dass die Kinder hinter unserem Rücken
in faule Klementinen kicken,
und daran, dass es mehr Tote als Lebende gibt,
und daran, dass mein Land sie nicht begräbt

***

Den halben Tag habe ich heute im Moskauer Stadtgericht mit meiner Berufung verbracht, in der Hoffnung, dass aus 15 Tagen 10 würden. Zum Gericht fuhr ich mit zwei Polizeibeamten im Auto durch die von frühlingshaften Sonnenstrahlen durchflutete Stadt. Ich betrachtete die funkelnden Gebäude und dachte daran, wie brüchig und am Limit eigentlich alles war: die alten Polizeimützen, die mich an meinen Vater erinnerten, diese vorübergleitenden Gebäude, dieses Licht an der Grenze der Jahreszeiten. In mir war auch alles brüchig und am Limit.

Im Gericht war ich ungefähr drei Stunden mit meinen Verteidigern zusammen. Ich hatte mich bemüht, nach sieben Tagen Arrest nicht allzu sehr von ihnen abzustechen: meine Haare waren sauber (ich hatte sie überm Waschbecken mit Wasser aus der Flasche gewaschen, weil man nur einmal wöchentlich duschen darf), ich roch nicht nach Schweiß. Auf den Wangen hatte ich Glitzer. Doch, ich konnte als freier Mensch durchgehen.

Der Richter war etwa sechzig Jahre alt, mager und groß, mit spärlichem grauem Haar. Er hatte fröhliche Augen und wandte sie nicht ab, sah einem direkt ins Gesicht. Das war mir eher sympathisch, obwohl ich von meiner letzten Erfahrung her wusste, dass ein netter Richter durchaus ein strenges Urteil fällen kann. Er fragte mich nach Namen und Familienstand und schnalzte enttäuscht: »Das geht ja üüüberhaupt nicht, wie können Sie nur«, als ich antwortete, ich hätte keine Kinder. Ich verspürte eine wilde Wut in meinen Haarwurzeln, es war das erste Mal, dass mir vor Zorn die Kopfhaut brannte. Meine Verteidiger äußerten abwechselnd ihre Kritik an dem Verfahren: Das Symbol, für das ich verurteilt worden war, sei nicht als extremistisch eingestuft, ich würde ohne gesetzliche Grundlage festgehalten, hätte keine Gewalt propagiert, zu keiner Aktion aufgerufen. Ich hatte auch das Recht zu reden, ich stand auf und sprach in einem Atemzug alles aus, was sich in mir angesammelt hatte.

Verehrtes Gericht, Euer Ehren, Sie haben richtig angemerkt, dass mein politisches Gewicht bisher gering ist. Dass Sie, wie Sie sagen, heute zum ersten Mal von mir hören, ist nur logisch. Im engeren Sinne politisch gearbeitet habe ich erst bei den letzten Wahlen.

Ich verstehe mich vor allem als Aktivistin, die für Frauen eintritt, die Opfer von genderspezifischer Gewalt geworden sind. Mir ist klar, dass mein an den Haaren herbeigezogenes Verfahren lediglich zur Abschreckung anderer Mädchen und Frauen dient, die sich auf irgendeine Weise gesellschaftlich positionieren. Im Moment wird gerade der Prozess gegen Julia Zwetkowa fortgesetzt, der man die Verbreitung von Pornographie vorwirft, weil sie den weiblichen Körper gezeichnet hat. Auch dieses Verfahren dient der Abschreckung.

Wenn es allein darum ging, hat das Gericht sein Ziel schon erreicht: Ich habe sieben Tage abgesessen, und das hat viele Menschen ziemlich erschreckt. Ehrlich gesagt, hat es sogar meine beiden Zellennachbarinnen erschreckt, die wegen Alkohol am Steuer zu zehn Tagen und wegen eines Messerangriffs zu fünf Tagen Arrest verurteilt wurden.

Zum Schluss möchte ich auf Ihre Bemerkung über meine Kinderlosigkeit eingehen. Sie sind vermutlich nicht einmal auf die Idee gekommen, dass Sie das eventuell zu einer Person gesagt haben, die beispielsweise keine Kinder bekommen kann. Wenn das verehrte Gericht so sehr daran interessiert ist, dass ich Kinder gebäre, schlage ich vor, mich aus dem Arrest zu entlassen, damit ich unverzüglich Maßnahmen ergreifen kann, um zum Wohle meiner Heimat Nachwuchs zu produzieren.

Am Ende zitterte meine Stimme vor Anspannung. Ich hatte das Gefühl, meine Tränen würden, statt zu fließen, direkt durch die Haut verdampfen. Ich setzte mich auf meinen Platz, klatschte meine Notizzettel auf den Tisch: noch nie hatte der Staat mir so deutlich vorgeführt, dass er mein Reproduktionspotential kontrolliert.

Das Strafmaß von 15 Tagen blieb unverändert.

***

die sich wünschten sie zu lieben
sind im Krieg geblieben
die sie küssten weiß und rot
machten später tot

und hätten auch sie töten können

ich werde nie verstehen
wie ein fremder Tod in einem Menschen Platz findet
wenn jeder seinen eigenen hat –
und nicht mal klar ist, was man mit dem macht

wie wird ein Junge, der mit einer Blume vor der
Haustür steht,
zu einem, der Menschen erschießt?
zu einem, der den Schießbefehl gibt?
zu einem, der den Befehl nicht verweigert?

mit ihm hattest du vor ein paar Jahren zum ersten
Mal Sex
er war behutsam und fragte, ob alles in Ordnung
wäre
eure Körper leuchteten im Herzen der Februarnacht
es war keine große Liebe
aber es war Liebe

ihr saht euch in die Augen
und liebtet einander
du fühltest seinen Körper, warm, im Arm

da ist er, verstümmelt, auf Fotos
im Kanal »Finde deine Leute«
elend, zerfetzt
mit Spuren der Zersetzung

wie viele Kriegsverbrechen gehen auf seine Kosten?
mehr oder weniger als die Küsse, an die du dich
 erinnerst?
wie ist der Körper, der sich an dich schmiegte, zu
 dem geworden, den man nicht im offenen Sarg
 aufbahren kann?

mein Herz ist jetzt dunkler als mein Staat
ich fühle kein Mitleid mehr, nur wilde Wut

ich weiß noch: seine Küsse auf meinen Lippen –
nicht zu allen gab ich meine Zustimmung

ich weiß noch: die Nacht nach der ersten –
auch zu ihr gab ich nicht meine Zustimmung
doch ich redete mir ein, ich hätte es getan

er sagte, er habe kein »nein« gehört
keine Tränen gespürt
er benutzte oft das Verb »nehmen«
»ich nehme dich« – »du gibst dich hin«

da wünschte ich ihm den Tod
bat ihn danach aber um Verzeihung

und nun ist er gestorben

in einer fremden Gegend

die man nicht einnehmen kann

und die sich nicht ergibt

***

Tote schwarzblaue Bräutigame, aus dem Krieg heimgekehrt, legen sich für immer zu ihren Bräuten ins Bett. Sie liegen auf sauberen Laken wie im Sarg, auch die Frauen neben ihnen, noch am Leben, liegen wie im Sarg, und all die Menschen in den mehrstöckigen Plattenbauten liegen auch wie im Sarg. Es ist sogar eine Redewendung aufgekommen: »Im Krieg und im Haus wie im Sarg«. Es ist jetzt schrecklich zu leben, aber zu sterben ist noch schrecklicher.

Auch die Männer sind jetzt schrecklich. Nicht nur, dass sie schwarzblau sind und einen Gestank verströmen wie im Schlachthaus, es ist auch noch jeder auf seine Weise versehrt: dem einen hängen die Därme aus dem Bauch, dem anderen ist das halbe Gesicht verbrannt und suppt, dem nächsten fehlen beide Beine. Solche Männer zu lieben ist schwer, aber sie zu beerdigen ist auch nicht leicht. Die Frauen seufzen, legen sich zu ihnen und versuchen, ihren Ekel nicht zu zeigen – aus Mitleid. Sie haben keine Kraft mehr, keine Tränen; wofür er gestorben ist, begreift kein Mensch, ob er einen geliebt hat, weiß man nicht mehr und kann es nicht fragen. Die Bräutigame heute sind stumm und können nur lautlos auf etwas zeigen –

wenn sie noch Finger haben. Einer saß neulich mit offenem Mund da und wies ständig mit dem Finger hinein. Die Braut dachte, er wolle etwas essen, und legte ihm in Milch eingeweichtes Brot unter die geschwollene Zunge, aber das Stück fiel ungekaut wieder aus dem Mund.

Im Jenseits verdient man nicht gerade viel, also wird jetzt vom Sarggeld etwas für die Hochzeit beiseitegelegt. Irgendwelche Auszahlungen, Kompensationen, es läppert sich zusammen, man kommt zurecht. Ein Paar – ein Toter und eine Lebende – feiern demnächst Hochzeit und Leichenschmaus gleichzeitig: wozu zweimal Geld ausgeben. Erst wird der Bräutigam beweint, dann gratuliert man den Jungvermählten. Die Braut ist gleichzeitig die Witwe, deshalb trägt sie eine spezielle Tracht: weißes Kleid, schwarzer Schleier. Dem Bräutigam ziehen sie den Anzug seines Vaters an, der Vater ist schon in Tschetschenien in die Luft geflogen, und jetzt passt sein Anzug dem Sohn perfekt, die ganze Familie ist stolz.

Furchtbar ist es für die Bräute allerdings, in der Hochzeitsnacht mit ihrem Bräutigam allein zu bleiben. Der Mensch ist schwach, einem Lebenden fällt es schwer, etwas Totes zu begehren. Es ist, als würde man den einst Lebendigen mit ihm selber betrügen, dem mittlerweile Toten. Als gäbe es zwei Männer, den Lebenden und den Toten. Und zwischen ihnen wählen kann man nicht mehr.

Natürlich hätten die Frauen lieber den Lebenden. Es wäre so schön, ihn an den ersten Maitagen unter blühenden Apfelbäumen zu küssen. Oder mit ihm für einen Urlaub am Meer zu sparen. Oder Tee mit Brötchen zu trinken, die man auf dem Nachhauseweg von der Arbeit im

Lädchen gekauft hat. Oder ihn in den ersten Schwangerschaftswochen zum 24-Stunden-Supermarkt zu schicken, um Sprotten in Tomatensoße zu kaufen. Nachts, wenn sie neben ihren ungeschlachten Toten liegen, träumen sie von den Lebenden. Gott sei ihr Richter.

***

An Schlaf ist in der Zelle nicht zu denken. Sascha qualmt wie ein Schlot und erzählt:

»Und da hab ich also das Zeugs geschnüffelt, was er mir gegeben hat, leg mich hin, und plötzlich hör ich so 'ne Stimme im Kopf: ›Zieh dein Höschen aus!‹ Ich denk, Scheiße noch mal, was ist das denn jetzt.«

Olja lacht. Obwohl ich sauer auf die beiden bin, weil sie nachts so ein Trara machen, muss auch ich grinsen.

Am Morgen ist kein einziger Gedanke mehr in meinem Kopf. Ich habe das dringende Bedürfnis, mich gegen meine Zellennachbarinnen abzuschotten. Vorhin haben sie über Sex gesprochen – und das war das schrecklichste Gespräch über Sex, das ich je gehört habe. Beteiligt habe ich mich nicht an der Unterhaltung. In den Morgenstunden war ich von dem Geschrei und dem ganzen Scheiß so bedient gewesen, dass ich aufsprang und wie irre an die Zellentür trommelte, damit der Aufseher kam und das Licht ausmachte. Olja und Sascha habe ich angebrüllt, wenn sie nicht auf der Stelle die Klappe hielten, würden sie am nächsten Tag keine Zigaretten kriegen. Die erwartete ich gerade von draußen – zur Förderung des Kommunikationsklimas in der Zelle, selber rauche ich nicht. Nach meinem Gebrüll gaben die beiden Ruhe, aber vorher sagten sie noch, dass sie mich jetzt endlich respektieren würden und ich also doch kein Waschlappen wäre. Vielen Dank, Mädchen.

Das Problem bestand darin, dass Sascha und Olja nicht einen Moment mit sich allein sein konnten. Auch wenn sie über rein gar nichts zu reden hatten, setzten sie weiter sinnlose Fragen und Ausrufe in die Welt, bis das Ganze an »Warten auf Godot« plus Mutterflüche erinnerte.

– Mann, wie lange geht die Fotzerei hier noch?
– Ich kann nicht mehr, ich kann nicht mehr.
– Wann hört das bloß auf?
– Jaha, so ist das Leben …
– Verfickte Scheiße.

Sie lagen auf ihren Betten und stöhnten abwechselnd zur Decke hoch. Aber das war auf jeden Fall besser als Geschichten über Vergewaltigungen und ungeschützten Sex, die sie als Witze und Gags erzählten.

Jeder Tag in Haft lässt mich daran zweifeln, dass ich der Mensch bin, für den ich mich gerne halten würde. Performative Bedingungen dieser Art führen dazu, dass du das Fundament, auf dem deine Persönlichkeit errichtet ist, aufgräbst und vor Ewigkeiten beerdigte Zeitkapseln darin findest – Affekte und Erinnerungen, Liebes- und Hassbriefe. Das Fundament eröffnet sich dir Schicht für Schicht, und das Haus schwankt wie auf hoher See, während du da unten eine radikale Revision deines Herzens vornimmst.

Nicht nur die Geschichte bedarf eines revisionistischen Zugangs, auch das Trauma. Heute zum Beispiel spüre ich ein uraltes Muster in mir: weil ich in meiner Kindheit um jeden Preis die Liebe meiner Mutter erringen wollte, habe ich mich pausenlos bemüht, dem von ihr geschaffenen Mythos des einmaligen und talentierten Kindes zu entsprechen. In diesem Mythos habe ich mich immer wie eine Hochstaplerin gefühlt, er war meine Messlatte, war das Bild, das ich mir antrainieren musste. Hier in der Zelle will ich mich von meinen Nachbarinnen abheben, weil ich immer noch das einmalige und talentierte Kind bin. Mit aller Kraft versuche ich meine banalen, krankhaften Reaktionen zu unterdrücken, aber Unterdrückung wird das Problem der an die Oberfläche steigenden Muster nicht lösen. *Ich will immer noch meiner Mutter gefallen.* Unter anderem deshalb schreibe ich. Ich schreibe in der Hoffnung auf Freiheit. Auf Freiheit von dem, was früher mit mir passiert ist.

Ich kann nicht aufhören, mich darüber zu wundern, dass man in der Arrestzelle von innen an die Tür klopft, damit der Aufseher kommt. Im normalen Leben klopfst du an die Tür, damit man dir aufschließt, und nicht, damit man dich aufschließt. Eine interessante Inversion der Unfreiheit. Ich denke mir, dass wir manchmal genauso in unserem Trauma, in unserem Kopf eingeschlossen sind und jahrelang von innen klopfen müssen, damit wir endlich aufgeschlossen werden.

***

Gestern hat eine Frau mitten auf dem Roten Platz Wehen bekommen, während man ihr ein Sturmgewehr an die

Schläfe hielt. Die Ordnungshüter wussten nicht, was sie tun sollten: War das ein Akt unangemeldeten Gebärens oder ein Akt unangemeldeten Protests? Eine Geburt oder eine Performance?

Schaut euch die Frau mit dem unerwünschten Gesicht an, deren Fruchtwasser auf dem Roten Platz abgegangen ist. Da schreit sie schon und windet sich, wie Menschen auf den letzten Demos geschrien und sich gewunden haben, sie schreit, wie Gefolterte hinter verschlossenen Türen im Polizeirevier schreien. Die Bullen kennen das alles. Die Frau schreit – und Blut quillt aus den eingerissenen Winkeln ihres trockenen Mundes. Der Mund ist 7 Zentimeter geöffnet.

Die Zeit steht still, und auf dem Platz ist niemand außer den Bullen, der Frau und ihrer Tochter, die gerade, verbal als Sohn getarnt, geboren wird. Sie hat der Polizei gesagt, dass es ein Sohn wird, damit man sie besser behandelt. Einer der Bullen, der Gutmütigere, hat gemeint: »Hab keine Angst, du kriegst einen Helden für uns, guck mal, wo und wann der zur Welt kommen will – im Herzen von Russland, auf dem Höhepunkt der Spezialoperation!« Er spricht seltsamerweise ganz langsam, und auch die Frau schreit immer langsamer, und der Notarzt kommt und kommt nicht. Zu jeder Stunde schlagen die Glocken im Spasski-Turm. Schneeflocken schmelzen bereits im Anflug auf das erhitzte Gesicht der Gebärenden.

Allmählich beruhigen sich die Polizisten und senken sogar die Waffen. Hin und wieder versuchen sie, den Ort des Geschehens zu verlassen, um Hilfe zu holen, aber nach kürzester Zeit führt ihr Weg sie wieder zu diesem Ort zurück. Die Erde ist am Roten Platz so rund geschnitten. Auf dieser runden Erde im Herzen Russlands auf dem Höhepunkt des Krieges sind die beiden Polizisten und die junge Frau ganz allein.

»Na, was ist, nehmen wir das Kind in Empfang?«, fragt einer von ihnen in die Luft, guckt die Frau kläglich an und streckt ihr die Hand hin wie für einen Händedruck. Die Gebärende schreit ihm laut, aus Leibeskräften die übelsten Schimpfwörter entgegen und beißt ihm dann mit langgezogenem Heulen tief in die Hand. Er versetzt ihr mit derselben Hand eine Ohrfeige.

»Ist jetzt gut? Mach lieber kein Theater. Mir ist egal, ob du eine Frau bist oder nicht, wenn's sein muss, zieh ich das Kind aus dir raus und steck dich zu den anderen in den Affenkäfig, da kannst du dann auf der schmierigen Matratze liegen und flennen.« Die Frau schließt die Augen und nickt. Ein Bulle stützt ihr den Rücken, der andere hantiert zwischen ihren Beinen.

Eine Unendlichkeit verstreicht, und beim Schlag der Spasski-Glocken bekommt sie das in eine Polizeijacke gewickelte und im leichten Frost dampfende Neugeborene in den Arm gelegt. Die Bullen beglückwünschen sich unter Tränen, tauschen Wangenküsse und kriegen gar nicht mit, dass sie keinen Sohn, sondern eine Tochter geholt haben.

Die Frau, das Mädchen im Arm, blickt in den klaren, bestirnten Kremlhimmel. Es beschleicht sie die Erinnerung, dass ganz in der Nähe, im Mausoleum, ein unbestatteter Toter liegt. Hin und wieder trübt ranziger Dunst ihr den Blick – im ganzen Land sind neue Krematorien eröffnet worden, und der Rauch aus den Schornsteinen senkt sich bisweilen wie schwerer Smog auf die Stadt. Die Toten bringen sich bei den Stadtbewohnern mit Atemnot und Hustenreiz in Erinnerung.

Schließlich regt sich die Zeit wieder, Schaulustige und Touristen tauchen auf, die Uniformierten nehmen Mutter und Tochter auf den Arm und tragen sie fort. Die Frau wird gebeten, im Polizeirevier auf den Arzt zu warten. Sie wird mit dem Neugeborenen fein säuberlich im Käfig abgesetzt, wo schon andere Frauen sitzen, den Kopf auf die Schulter der Nachbarin gelegt. Allem Anschein nach sind sie schon viele Stunden dort: Auf ihren Hemden und Blusen hat ausgetretene Milch große Flecken gebildet. Weshalb die anderen sitzen, will sie vorerst nicht fragen. In der Zelle ist es ganz still, man hört nur, wie sich die Polizisten des Reviers fröhlich lärmend hinter der vergitterten Eisentür versammeln, um die Geburt eines Sohnes zu begießen.

***

BULLENTOCHTER

die Bullentochter geht in ihrer Heimatstadt auf die Straße
die Bullentochter geht auf die Demo
auf der Schulter hat sie drei Male – drei verwischte Sterne
vom Vater, Vatermale

als sie gerade geboren war
zeigte man sie ihm und sagte:
das war eine schwere Geburt

Ihre Tochter ist eine Kämpfernatur
und Sie bringen es bestimmt zum Obersten

der Vater brach in Tränen aus
und drückte sie an seine Brust
und sah ihr ins Gesicht
und begriff, dass es für immer das Gesicht der Heimat
sein würde
und schloss die Heimat in sein Herz
und bewahrte sie in seinem Herzen
und wenn er befahl, Demonstranten auf dem Platz zu
ficken,
sagte er sich »das tue ich für sie«
war aber auch selber mal lasch
und befolgte den Befehl nicht immer

die Bullentochter geht raus auf den Platz
mit Feministinnen
mit Nawalnys Stab
mit LGBT-Aktivisten
Öko-Aktivisten
Anarchisten
Bürgerrechtlern
sie ruft
»Bullen – Schande für das Land«
dann ruft sie
»Polizei, sei mit dem Volk«
und fühlt sich dämlich

jeder Polizist
jeder E-Zentrum-Mitarbeiter
jeder Sondereinsatzbeamte
hat das Gesicht ihres Vaters
und sie bewahrt dieses Gesicht

in ihrem Herzen
als Gesicht ihrer Heimat

er hat nie die Hand gegen sie erhoben
wenn er nach Hause kam, tat er, als wäre er kein
  bisschen müde
setzte sich und legte mit ihr Puzzles
fand er ein fehlendes Teil, dann grunzte er froh
und setzte es ein
und sagte, als sie geboren wurde
füllte sie die Leere in ihm so wie dieses Teil
und alles wurde ganz und ganzheitlich
vielleicht hat er das auch nicht gesagt
aber sie hat es so im Kopf

doch heute hat er sie auf dem Platz geschlagen
nicht eigenhändig, mit den Händen anderer Männer
Männer, die alle sein Gesicht haben
heute hat er sie auf dem Platz gepackt und
  weggetragen
heute hat er sie in ein Auto mit vergitterten Fenstern
  gesperrt
heute wird er falsch gegen sie aussagen
im Bericht schreiben, dass sie Widerstand geleistet
  hat
seine Tochter mit dem Gesicht seiner Heimat
seine Heimat mit dem Gesicht seiner Tochter
doch er wird sie beide schützen
jede vor sich selbst

seine Tochter wird dasselbe kriegen wie alle: 7 Tage
  Arrest gemäß Gerichtsurteil
so hat er sie nicht erzogen
Zugeständnisse wird es nicht geben

sie wird der Strafe nicht entgehen wie der Sohn des Abgeordneten
der auf der Kreuzung eine Achtjährige überfahren hat

die Bullentochter steht vor dem Richter
und ist insgeheim stolz auf den Vater
dass er seinen Einfluss nicht geltend gemacht hat
sie wollte ihre 7 Tage absitzen
sie hätte nicht gewollt, dass alle wissen, was sie ist:
Bullentochter
Sondereinsatzpolizistentochter
Strafvollzugsbeamtentochter
sie hätte nicht gewollt, dass ihre Freunde
ihr ins Gesicht sehen
und ihm ins Gesicht sehen
und sagen »was für eine Ähnlichkeit, du kommst ja ganz auf ihn«

der Vater scherzte bei Familientreffen, er sei es, der auf sie komme
er sei ihr ähnlich
habe ihr Kinn
ihre Augen
ihre Sternchen auf den Schulterstücken
sie kommt schon lange nicht mehr zu Familientreffen
er sagt, er habe sie gebeten, nicht mehr zu kommen
sie sagt, sie habe gebeten, sie nicht mehr einzuladen

wenn sie früher an einem Tisch saßen
schien der Tisch endlos
grenzenlos
uferlos
wie Russland
am einen Tischende brauste ein Schneesturm

am anderen riss die Erde in der sengenden Sonne auf
der Fernseher sang derweil
»Nebel senkt sich auf den Schlaf der Stadt«
wie vor zwanzig Jahren
alles bombenfest
nichts ändert sich
außer dass er
diese erwachsene Tochter hat
die, wenn Einsatzkräfte Knüppel schwingen, auf die
  Straße geht
zusammen mit den ganzen Idioten
mit der man jetzt kein Wort mehr reden kann
ohne gleich zu schreien

die Bullentochter geht in ihrer Heimatstadt auf die
  Straße
die Bullentochter liest das Gedicht von Pasolini
»Die KPI an die Jugend!!«
über bürgerliche Studenten, die Polizisten aus der
  Arbeiterklasse zusammenschlagen
die Bullentochter hasst die Wörter Bullen, Schweine,
  Kosmonauten
die Bullentochter kann das Wort Papa nicht mehr
  sagen
sie guckt Videos von Folterungen in den Straflagern
wo Songs von der Band »Ljube« gespielt werden, um
  die Schreie zu übertönen
ihr Vater hat immerzu »Ljube« gehört

es wäre leichter für sie, wenn er jetzt selber auf dem
  Platz stünde
wenn ihre Blicke sich begegnen würden
trotz des Helms würde sie seine Augen erkennen, er
  hat die Augen ihrer Heimat

es wäre besser, er würde sie, dem Befehl eines
anderen folgend, eigenhändig schlagen
besser, sie würde ihn auch schlagen
und sie würden dann zusammen weggehen
durch den Schnee stapfen
durch Torwege und Höfe
durch den Schneesturm
sich das Blut von der aufgeplatzten Lippe und der
zerschlagenen Nase wischen
Blut,
das, käme es in die Akte,
erklären würde,
was sie füreinander waren
auf diesem Platz
in diesem Land
und was sie füreinander wurden

***

Heute habe ich etwas total Komisches erfahren. Vorgestern wurden sonderbare Dinge in meine Zelle gebracht, die jemand für mich abgegeben hatte: 20 Liter Wasser, harte Kringel und eine Packung Binden.

Ich dachte mir: Welcher Idiot hat das alles hergeschleppt? Die Passkopie des Idioten hat man mir übrigens gezeigt, weil das Vorschrift ist. Und heute hat mir mein Mann bei unserem 15-minütigen Telefonat erzählt, dass ich diese Verarsche Mitgliedern der ultrarechten frauenfeindlichen Bewegung »Männerstaat« zu verdanken habe. Sie wollten das erlaubte Kontingent von Päckchen ausschöpfen, damit meine Lieben kein Essen mehr für mich abgeben können. Die Schlauköpfe haben bloß zweierlei vergessen:

1. Wasser wird nicht berechnet und kann in beliebiger Menge überbracht werden;
2. ich habe mir die persönlichen Daten aus dem Pass des Typen abgeschrieben, der das Zeug für mich abgegeben hat, und kann ihn jetzt aus der Anonymität holen.

Das Wasser habe ich für alle Fälle gleich weggekippt, die leeren großen Behälter benutze ich zum Spülen der Toilette.

Genau vor einem Jahr, am 14. Februar, hatte ich mit anderen eine »Kette der Solidarität« organisiert, um Julia Nawalnaja und weibliche politische Gefangene (oder Verwandte politischer Gefangener) zu unterstützen. Am selben Tag machte der »Männerstaat« die Adresse unseres Rückzugsorts für Aktivisten mit Burnout publik. Genau vor einem Jahr hat der russländische Staat, verschmolzen mit dem Männerstaat, mit meiner Verfolgung begonnen. Und heute lassen sie mir im Arrest Geschenke zukommen. In gewissem Sinne ist das sogar rührend. Darin zeigt sich eine Art spezifischer Anhänglichkeit.

REISE AN DEN RAND DES SHITSTORMS. INTERVIEW

1. Wie würden Sie den Ort des Geschehens beschreiben?

Ich weiß nicht, wie ich das erklären soll. Erst wird einem kalt hinter den Ohren, als hätte jemand eisiges Wasser aufgedreht (genau hinter den Ohren) oder als wäre der ganze übrige Körper so erhitzt worden, dass es hinter den Ohren kalt wird. Dann tut der Bauch weh. Du gehst zur Toilette, setzt dich auf die Klobrille, deine Füße erreichen nicht ganz den Boden, nur mit den Zehenspitzen, und deine Knie zittern vor Anspannung. Da sitzt du, betrachtest den Fliesenboden, aber nichts passiert. Ziehst den Slip, die Strumpfhose, die Jeans hoch, gehst ins Zimmer zurück. Gießt dir Wasser ein. Ertappst dich dabei, dass du nicht trinkst, sondern schlabberst, die Zunge weiß, was sie tut. Du legst dir die Hand auf die Brust und lachst. Sagst: »Du kennst das schon, du weißt, was noch alles passieren wird, du fühlst dich wie ein Fisch im Wasser.« Das ist nicht wahr, aber manchmal leben wir durch alle möglichen Wahrheiten und Unwahrheiten, wir fühlen uns wie ein Fisch im Wasser und tragen verschluckte Dinge in uns, den Schlüssel, das Schloss, das Häkchen, den christlichen Propheten, den Zinnsoldaten, den Wurm von Derschawin. Sprache ist reaktionsträge, die Zunge weiß, was sie tut, die Bilder rücken von allen Seiten gegen uns vor, doch zum Glück sind wir schon lange stromlinienförmig.

2. Was würden Sie Leuten entgegnen wollen, die Ihnen schreiben: »Verrecken sollst du, Miststück«? Ziehen Sie die Möglichkeit in Betracht, mit ihnen zu reden?

Würde ein Wunder geschehen und ich genau in dem Moment verrecken, in dem ich ihre Nachricht erhalte, dann könnte ich, glaube ich, mit ihnen reden. Ich würde ihnen im Traum erscheinen, wie mir als Kind meine toten Verwandten im Traum erschienen sind, die ich nie gesehen habe. Und dann würde ich sagen:

»Hi, ich bin verreckt, wie du wolltest, und komme jetzt als latentes Nachterlebnis zu dir, weil du mich wach gerade nicht erleben kannst, aber noch ungelebte Agency von mir da ist. Ich bin verreckt, aber ich habe eine Menge Fragen an dich, und mit deinem ruhigen Leben ist es aus, tut mir leid, Bro. Ich bin eine Nervensäge, deshalb presse ich dir jetzt meine Geisterhände auf die Brust (wie bei der Herzdruckmassage) und lege los: was ist Liebe? was schaust du dir gerne an? wovor hast du Angst? wen begehrst du? wo ist dein Vater? was macht dich glücklich? was möchtest du dir kaufen, kannst es dir aber nicht leisten? was ist dir am allerpeinlichsten?«

Wie jedes Gespenst bin ich paternalistisch, aber gutmütig. Ich verwandle mich in eine Schnurrbartkröte (Angina pectoris), putze mich mit einem gestärkten Glockenrock heraus und haue ihnen mit meinen warzigen Füßen auf die Wangen, damit sie nicht einschlafen. Leben sollst du, Miststück, he, ich rede mit dir, leben sollst du, und glaub ja nicht, dass du die Augen für immer schließen kannst, bevor du nicht alle meine Fragen beantwortet hast.

3. Was würden Sie den Menschen sagen wollen, die mit Hatespeech überflutet werden?

Hallo, Bruder. Hi, Schwester. Wir sind Miststücke, Spackos, Schlampen, Pädos, Fotzen, die in der Hölle brennen, hallo, Leute, auf uns warten in den Höfen die Phantome mickriger glatzköpfiger Bürschchen mit dünnen Strickmützen, auf tausend Phantome kommt ein echter, auf 10 000 Bots ein Mensch, das ist wie in der Liebe – wer ist wirklich derjenige welcher, deine dunkle zweite Hälfte, die am Hauseingang auf dich wartet, um »Drecksau« zu dir zu sagen; so eine Liebe wünsche ich keinem. Man überflutet uns mit Hatespeech – und wir sehen einander schärfer, auch wir sind in den dunklen Höfen, Miststücke, Spackos, Pädos, Schlampen, Schwarzärsche, wir kommen aus dem Dunkel ans Licht, um einander zu verteidigen, um aufzustehen wie Berge oder Bäume, um die Landschaft umzubilden, damit die guten Leute vor den Fenstern ihrer Plattenbauten vorgeführt bekommen, wie eine außerplanmäßige Bebauung mit Bergen und Bäumen aussehen kann, wir erstrecken uns wie das Meer, wie fühlen uns wie ein Fisch im Wasser, in uns rauschen Gesteinswellen, wir sind schon lange über die Ufer der menschlichen Sprache getreten, deshalb ist es schwer, uns Schlampen und Spackos zu nennen,

das ist, als würde man dem Wasser zuschreien
dass es überflutet
das ist, als würde man der Erde zuschreien
dass sie hervorbringt
das ist, als würde man der Luft zuschreien
dass sie da ist

***

Die Blüte der Unruhe öffnet sich im Bauch, ich kann sie nicht von Hunger und Verliebtheit unterscheiden;

das Blut rauscht in den Ohren, dumpf und grollend wie das Meer, aber ich kann jetzt nicht zwischen Meer und Blut unterscheiden;

aus deinem Sprechen sind zärtliche Worte verschwunden, in meinem Sprechen sind feindselige Töne aufgetaucht – wir unterhalten uns von verschiedenen Orten aus, die Verbindung stockt, selbst wenn wir einander gegenübersitzen;

das Meer hat uns bekanntgemacht – da hinten ist es tief, hier ungefährlich, da ist es kalt, hier warm, das da ist der Horizont, hier verläuft die Ufergrenze, und auch jetzt kann ich, den Kopf auf deine Brust gelegt, das Schlagen derselben Wellen hören;

ich hätte so gern, dass die Liebe stärker wäre als alles sonst – stärker als Angst, Krieg, Trauma und Tod, stärker als jede bittere Erfahrung, ich würde die Liebe gern als Meer sehen können, als riesigen Wasserkörper, aus dem man herauskommt und in den man zurückkehrt; ich würde den Sonnenaufgang gern am Ufer der Liebe erleben, ich wäre gern Teil eines Netzes, das Lebewesen miteinander verbindet, mich mit dir, dich mit mir, uns mit noch jemandem; wäre gern ein leichtes Signal, weitergegeben von Knoten zu Knoten, ohne Stockung, ohne Zurückweisung, ohne Projektion, ein reiner Impuls, der alles Lebendige in Bewegung versetzt, damit alles Lebendige atmen und sich umarmen kann, spürte es nur

Hunger, Unruhe, Verliebtheit,
Begehren, Verlangen, Wärme.

***

Meine Mutter wurde am 23. Februar geboren. In Russland ist das der »Tag des Vaterlandsverteidigers«, der Männertag. Die Mädchen gratulieren den Jungs. Armeeangehörige und Silowoki (die Männer) trinken an dem Tag massiv. Mein Vater ist bei der Armee. Deshalb war der 23. Februar immer ein Doppelfeiertag: der Geburtstag meiner Mutter und der Tag von Vaters Soldaten. Toasts auf die eine Frau und auf alle Männer vermischten sich zu einem einzigen permanenten Toast. In diesem Jahr ist der 23. Februar mein letzter Tag im Arrest. Mama freut sich auf meine Entlassung und witzelt, das sei ihr Geburtstagsgeschenk. Der »Tag des Vaterlandsverteidigers«, der Tag meiner Mutter, der Tag von Vaters Soldaten wird zum letzten Tag vor dem neuen Krieg. Putin hat einen Hang zu hässlichen Daten: ich glaube, es war eine Sache des Prinzips für ihn, dass die Vaterlandsverteidiger an diesem Tag zu Okkupanten wurden. Auf dass der Kampfgeist gehoben wird. Auf dass man in Zukunft den 23. und den 24. Februar beide begeht, als Doppelfeiertag. Auf dass die überlebenden »Veteranen« nicht nur einen, sondern zwei Tage lang Tränen zerdrücken und Wodka trinken können. Krieg ist ein Fest.

***

wenn die Schönheit im Auge des Betrachters liegt
dann der Krieg im Auge dessen
der die Augen abwendet
und dazu in aller Augen

Krieg hat unsere Augen
als wäre er
Fleisch von unserem Fleisch
Kopf an Kopf

Krieg trägt meine Kleidung auf
und hat in jeder Tasche
einen schweren Stein

Krieg bei uns am Tisch
ist wie ein Blutsverwandter:
wir sind vereint durch die Bande des Blutes
das wir vergießen

»Krieg« – so nennen wir unser Kind
ein prächtiger Jungenname
wir rufen vom Balkon
»Krieg, komm nach Hause!«

dabei ist er schon da

***

Damit Olja nicht so schrecklich weinte (Distanz zu wahren ist schwer, wenn jemand, mit dem du die Zelle teilst, die ganze Zeit Tränen vergießt), kramte ich in meinem Gedächtnis nach Vorbeugemaßnahmen gegen Burnout, die ich als Trainerin unseres Retreats gelernt hatte. Ich sah, dass meine Nachbarin zahlreiche unausgesprochene Emotionen durchlebte, und bei der vielen freien Zeit, über die wir verfügten, bestand die Gefahr, dass sie sich komplett verrannte. Ein Arsch zu sein und mir jedes Mal die Ohren zuzustöpseln, brachte ich zu meinem Bedauern nicht fertig.

Gestern vorm Schlafengehen haben wir mit der Panik gearbeitet und ein paar Körperübungen gemacht, uns auf den Atem und seinen Rhythmus konzentriert, auf Empfindungen in Händen und Füßen. Einfache Techniken, die überall möglich sind. Das Körperscannen lag Olja, sie beruhigte sich relativ schnell und schlief ein.

Der Morgen begann mit neuen Tränen. Der Mann, mit dem sie zusammenlebte, hatte auch am vierten Tag nichts für sie abgegeben. Das löste eine Lawine aus: Familienbeziehungen, häusliche und sexualisierte Gewalt, Arbeit im Bordell, Kränkung, Wut, Enttäuschung über das eigene Leben. Diese fremde Last konnte ich natürlich nicht stemmen. Ich gab ihr zwei Blätter und einen Kuli und bat sie, zwei Briefe zu schreiben: einen an sich in der Vergangenheit, den anderen an sich in naher Zukunft. Ich bat sie, wie an jemand anderen zu schreiben, auf alles einzugehen, was sie quälte, unterstützende Worte zu finden. Am nächsten Tag hatte Olja Geburtstag – ich riet ihr zu überlegen, wie wir ihn begehen könnten, und schlug vor, in der Zelle eine Party zu feiern.

Ich musste die Rolle einer zwar aufmerksamen, aber distanzierten Zuhörerin unbedingt aufrechterhalten, um meinen persönlichen Raum zu schützen, deshalb legte ich Zeiten fest, zu denen ich nicht reden, sondern lesen oder arbeiten würde. Das half mir, den ständigen Fragen zu entkommen, die ich kein Recht hatte zu beantworten:

– Dascha, soll ich ihn verlassen?
– Vielleicht sollte ich nicht mehr im Park arbeiten, sondern in einem Laden?
– Was meinst du, warum ist mein Leben so geworden?

Behutsam versuchte ich, die Fragen an sie zurückzugeben und ihr zu vermitteln, dass nur sie sie beantworten konnte. Ich hatte Sorge, all ihre wunden Punkte so sehr zu reizen, dass es mehr schaden als nutzen würde. Ich wollte wirklich, dass es Olja besserging.

Als ich ein paar einfache Übungen zur Selbsthilfe in den Raum unserer Zelle schleuste, wurde mir bewusst, dass ich das auch für mich tat: um mich von der Rolle der zeitweise Eingesperrten zu lösen und wieder zu spüren, dass ich außerdem noch jemand anders war. Ich neige dazu, alles kontrollieren zu wollen und Verantwortung für das Leben anderer Menschen zu übernehmen. Das hat seine starken und schwachen Seiten. Eigentlich arbeite ich daran, Kontrolle abzugeben. Aber unter Belastung ist es offenbar rettend für die Psyche, ausgetretenen Pfaden zu folgen, es spart Kraft und gibt einem das Gefühl, ganz bei sich zu sein. So fand ich mich also in der gewohnten Lage wieder, umgeben von alten Problemen und Risiken.

***

Wie pervers es auch klingen mag, aber mir scheint, ich habe dieser für mich ziemlich harten Erfahrung schon jetzt etwas zu verdanken. Das heißt, nein: nicht der Erfahrung, die ich gegen meinen Willen machen musste, sondern der Art und Weise, wie ich sie angenommen und auf der Oberfläche meiner Psyche befestigt habe.

Die Sehnsucht nach meinen Gadgets und dem Internet war übrigens nach drei bis fünf Tagen weg. Anstelle der Gadgets und des spannenden Flimmerns, das sie erzeugen, hat sich eine angenehme Leichtigkeit und Leere etabliert, die sich mit intensivem Lesen und Schreiben füllen lässt. Isoliert von Nachrichten und Zeitgeist, fange ich außerdem an, den Zeitgeist tatsächlich zu spüren. Ich nehme Dinge, die sich nicht nur mit mir abspielen, in historischer Dimension wahr, fühle mich wie ein kleiner Strich im gekästelten Riesenraum. Das hilft mir, im Kopf zu behalten, dass es nicht ewig so weitergehen wird. Ausgerechnet in der Isolation empfinde ich, wie viele wir sind, wie viele ich bin, wie das, was wir tun und sagen, gleichzeitig zu einem Teil von Vergangenheit und Zukunft wird. Die freigesetzte Energie ermöglicht es mir, meine Ausdehnung zu spüren: Ich bin gleichzeitig sehr klein und sehr groß.

Abends fingen wir mit den Vorbereitungen für unsere Zellenparty an. Olja hatte Geburtstag, und ich hatte vorgeschlagen, reinzufeiern. Ich zeichnete eine Gratulationskarte, deckte den Tisch (also das freie Eisenbett), schmolz im Wasserbad Schokolade, damit wir Brötchen reinstippen konnten, die ich am Morgen von draußen bekommen hatte. In die Brötchen steckte ich statt Kerzen Streichhölzer, rundherum verteilte ich Plastikteller mit Äpfeln, Nüssen, Käse und Wurst. Ich bat Olja, sich etwas zu wünschen und die Streichholz-Kerze auszublasen. Olja wünschte sich »Veränderungen«, dann brach sie in Tränen aus. Ich dachte erschrocken, ich hätte etwas falsch gemacht, aber Olja sagte weinend, das sei ihr schönster Geburtstag überhaupt. Ihre Tränen mischten sich mit dem Glitzer, den ich mit ihr geteilt hatte. Was sie sagte, deprimierte mich total, aber ich ließ mir nichts anmerken.

***

Jeden Tag wartete ich ungeduldig auf meine 15 Minuten Telefonzeit. Ich rief meinen Mann und meine beste Freundin an. Ins Internet zu gehen, war strikt verboten, aber ich schaffte zwischen den Anrufen einen Abstecher von 30 Sekunden, während ich so tat, als würde ich die Nummer suchen.

Meine Freundin Sonja schickte mir aktuelle und witzige Tweets. Ich konnte nicht gescheit darauf reagieren, sprach oft in Andeutungen: telefonieren durfte man nur unter Aufsicht. In dem kleinen Telefonraum war immer jemand, der die Zeit stoppte und einen scharf beobachtete. Ich redete rasch in doppelbödiger Äsopischer Sprache, aber Sonja verstand mich immer.

Im Arrest spürte ich aufs innigste Liebe, Dankbarkeit und Nähe zu den Menschen, die mir nahestehen. Dass ich einige von ihnen vorm Berufungsgericht fünf Sekunden hatte sehen können, war das schönste Ereignis des Tages gewesen. Die mit Bleistift geschriebenen Botschaften in Büchern von draußen zu lesen, war wundervoll.

Obwohl heute nichts passiert ist, was im Arrest-Dasein als schlimm gelten könnte, bin ich niedergedrückt: ich schaffe es nicht, die Kräfte zu verbrauchen, die sich während des Tages in meinem Körper ansammeln. Die ungenutzte Energie wandert durch mein Inneres und erinnert an eine Sturmwarnung.

Als ich noch keine Nachbarinnen hatte, habe ich in solchen Fällen laut gesungen und bin wie verrückt durch die Zelle gesprungen. Jetzt würde ich gerne mit den Fäusten gegen die Wand schlagen, bis mein Blut Flecken darauf hinterlässt. Die Mitarbeiter hier machen sich immer große Sorgen, dass wir die Wände beschmieren könnten, und ehrlich gesagt, je länger ich hier sitze, desto stärker wird die Versuchung in mir.

Gestern haben Olja und ich uns über Politik unterhalten. Als ich fragte, welche Politiker sie schätzt und mag, antwortete sie: Nemzow und Lukaschenko. Putin mochte sie nicht, weil er der Weltregierung erlaubt hatte, Russland den ganzen Bioterror mit Covid aufzudrücken. In diesem Koordinatensystem hielt ich mich an Nemzow und erzählte zwei Dokumentarfilme über ihn nach. Nach zwanzig Minuten erfuhr ich, dass Olja mit Nachnamen Nowodworskaja heißt, und wir redeten über Valeria Nowodworskaja. Dann erzählte ich von Anna Politkowskaja und ihrer Ermordung. Wir verbrachten den Abend in der Gesellschaft von toten Politikern, aber das war gut so.

***

wenn alles vorbei ist
werde ich eine erwachsene Frau sein
deren Jugend unter der Diktatur verlief
deren Körper häufiger vor Angst erschauerte
als vor Liebe

wenn die Diktatur vorbei ist
kriegen alle Überlebenden eine neue Jugend
wir laufen wie übergeschnappt durch die Straßen
küssen uns, wo es nicht passt
streicheln einander die Wangen die Lippen
können nicht lassen voneinander

wenn alles vorbei ist
hole ich mir ein helles Bier
und gehe in den Gontscharow-Park
und weine so laut
wie selbst in den schrecklichsten Zeiten nicht

ich liege im Gras
wie an dem Tag
als mein bester Freund, in den ich verliebt war
sein Coming-out hatte

wir lagen im Gras und sahen zu
wie die Sterne nach und nach im Morgengrauen
verblassten

wenn alles anfängt
gehen wir zurück nach Hause
aber das Haus erkennt uns nicht
kennt unseren Geruch nicht mehr

wir stehen starr auf der Schwelle
zögern einzutreten
zittern statt vor Angst
vor Müdigkeit

***

Während ich Susan Sontags Biografie lese, erfüllt mich eine romantisch gefärbte Sehnsucht nach einer anderen Zeit, einer Zeit mit einem in der Luft liegenden utopischen Impuls. Mir ist klar, dass politische Zeit nie homogen ist. Der Aufschwung der 60er Jahre zerschellte am Vietnamkrieg, die sexuelle Revolution führte zu einem Aufflammen sexualisierter Gewalt, und trotzdem möchte ich mich schrecklich gern einem Moment zugehörig fühlen, in dem sich etwas Großartiges abspielt – so empfinden mehr oder weniger alle. Obwohl ich dem Großartigen eigentlich nicht traue.

Nachts konnte ich, von Fragen attackiert, nicht einschlafen. Ich bemühte mich zu verstehen, was mich tatsächlich umtreibt, und mir darüber klarzuwerden, ob ich diese Fragen wirklich zu beantworten versuche (und ob das möglich ist).

1. Gibt es eine Freiheit, die durch ihr Aufkommen keine Unfreiheit an anderer Stelle hervorruft
2. Ist es für mich, wenn ich ein Buch/einen Text lese, von Bedeutung, zu wissen, was der Autor für ein Mensch ist
3. Kann Kunst wirklich zu Freiheit führen
4. Ist Gleichheit möglich
5. Wird es kein Gender mehr geben
6. Hat die Menschheit eine Zukunft
7. Ist es möglich, den Kapitalismus zu überwinden
8. Ist es möglich, Kriege, Tyrannei und Diktatur zu beenden
9. Wann kommt das Ende der Politik
10. Warum ist Faschismus bis heute möglich
11. Wie kann man aufhören, ein Mensch zu sein, und dabei am Leben bleiben
12. Ist Dekolonisierung ohne die negativen Auswirkungen des Nationalismus möglich

Auf etliche dieser Fragen hatte ich schon vorbereitete Antworten im Kopf, aber das ist zu wenig, um sich ihnen wirklich anzunähern. Das sind Fragen für ein ganzes Leben. Jede ist wie eine Zwiebel: du nimmst Schicht für Schicht ab und weinst, um dich letztendlich davon zu überzeugen, dass das Herzstück, das es zu finden galt, gar nicht existiert.

***

Als ich mein Handy anmachte, das man mir fürs Telefonieren ausgehändigt hatte, bemerkte ich, dass es höher aufgeladen war als beim letzten Mal. Das irritierte mich. Jemand schaltete mein Handy ohne mich ein und lud es auf.

Mein Gott, wie blöd ich bin. Ich habe in der Vollzugsanstalt mein echtes Handy mit allen Zugängen abgegeben. Das Gerät kann ich wegwerfen, sonst bringt es sie auf meine Spur, egal, wo ich nach meiner Freilassung sein werde. Ich war wütend auf mich und meine Unerfahrenheit.

Wellen brandeten jäh über meinen ganzen Körper. Nach jeder verspürte ich den Drang, mir auf Gesicht und Beine zu schlagen, zu sehen, wie mein Blut auf der Haut hervortrat. Ich versuchte, den autodestruktiven Anfall nach außen zu lenken, und hüpfte so lange auf der Stelle, bis sich über meiner Lippe ein kleiner Schweißtropfen bildete. Dann bat ich Olja um eine Zigarette. Ich bin Nichtraucherin, deshalb machte das Nikotin mich kraftlos und träge, die Wut verebbte, an ihre Stelle traten Müdigkeit und Benommenheit.

Abends war ich in einem Zustand, in dem man schlicht nichts mehr schreiben kann. Innen und außen war alles dermaßen glatt und leer, dass ich genauso gut versuchen konnte zu schlafen. Sogar Olja hatte heute nicht geredet, sondern bloß stundenlang auf einen Punkt gestarrt. Ich hatte währenddessen die dicke Biografie von Susan Sontag ausgelesen, so dass ich in gewissem Sinne auch sechs Stunden lang auf einen Punkt gestarrt hatte.

Nachts konnten Olja und ich nicht schlafen und fingen an, über Essen zu reden.

– Ach Daschenka, was wir für Dolma zusammengeschmort haben …
– Und dann bestreichst du ihn mit Knoblauch und legst ihn mit einem Zweig Rosmarin in den Ofen …

– Du reibst ’ne Zitronenschale rein und kochst das Ganze mit Zucker …
– Hühnchen kaufen wir nur beim Erzeuger und marinieren sie dann …
– Wie gerne hätte ich jetzt gebratenen Fischrogen …

Ich spürte, wie mir das Wasser im Munde zusammenlief. Wir haben hier die ganze Zeit schrecklichen Hunger.

***

Wenn du groß bist, wirst du dich daran erinnern, wie ich dir ein Wiegenlied sang, das ich auf unserer beschwerlichen Reise gedichtet hatte. Ein Wiegenlied über ein mit den Wurzeln ausgerissenes Bäumchen, das aus der brennenden Erde gezogen wurde, um gerettet zu werden. Wir wurden mit den Wurzeln ausgerissen – und fühlten ungeheure Schmerzen und eine ungeheure Leere, du, meine Kleine, warst krank und weintest, doch ich umfing dich mit Armen wie Zweigen und wiegte dich mit Zweigen wie Armen.

Es trieb uns durch Feuer und Schnee, du hattest Fieber und redetest wirr, wir rasteten in Höhlen, Schluchten und Löchern und waren im Schlaf auf der Hut. Uns hetzten Menschen in Uniform, Tiere in Uniform, Bäume in Uniform, aber das waren andere Menschen, Tiere und Bäume, die uns nicht ähnelten. Die Unterscheidung ist mir wichtig: sie ähnelten uns schon da nicht mehr. Wenn du groß bist, egal, was du wirst, Mensch, Tier oder Baum – du wirst ihnen nicht ähneln. Mit Stumpf und Stiel erbrachen wir uns, um gerettet zu werden, wir rissen uns selbst mit Zweigen wie Armen aus der brennenden

Erde und spürten in jeder entblößten Wurzel Hitze und Kälte.

Ich trug dich auf der ganzen Reise auf dem Arm. Ich presste dich bei jedem neuen Geräusch an meine Brust. Ich versprach, dich nie zu verlassen. Ich sang dir vor, jeder Baum würde einen Platz für sich finden, wo er Wurzeln schlagen könnte – gekräftigt, stark, ein Überlebender. Wir sind mit Stumpf und Stiel aus der Heimaterde gebrochen, doch schau: zarte fremde Vögel weben schon Nester in unseren ausgestreckten Händen.

Ich kann mich selbst nur schwach an die Wörter erinnern. Ich habe sie wieder und wieder gesungen, damit du, meine Kleine, ständig meine Stimme hörtest. Ich habe sie wieder und wieder gesungen, bis sie aus meinem Gedächtnis getilgt wurden. Solange ich dir das Wiegenlied sang, blieb ich wach. Das Lied hinderte mich am Einschlafen, damit ich dich beschützen konnte. Das Lied gaben wir von einem Baummigranten zum nächsten weiter, bis es sich auflöste und zum Rauschen unseres ganzen wandernden Waldes wurde.

Wenn du groß bist, suchst du dir selbst die Erde aus, die dir entspricht. Du verzeihst der Erde, die dich verworfen hat, die wir, nicht aus eigenem Antrieb, verworfen haben – oder auch nicht. Du wirst stärker sein als alle, die uns jemals gehetzt haben. Stärker als die, die dich mit Armen wie Zweigen umfing, und als die, die dich mit Zweigen wie Armen wiegte.

Wiegenlied

schlaft – und wer ihr auch seid, der Schlaf wird euch
finden
sorglos schlaft, als bescherte das Morgen Essen und
Wasser
nur aufzuwachen brauchtet ihr dafür

bleibt wach, als wüsstet ihr nicht mehr, wohin ihr
wandert
schlaft ein, als hättet ihr Wärme getankt auf dem
Boden langsamer Boote
und versucht, euch zu erinnern wann

der letzte Mensch, der dich seit deiner Geburt kennt,
stirbt
die, die dich bis zu deinem Tod kennen werden,
bleiben
einer, der nun nie mehr fortgeht, kommt
und einer, der nie mehr zurückkommt, geht

dann schlaf sorglos, wird doch im Schlaf
Zeit sein, von jedem Abschied zu nehmen
und jeden willkommen zu heißen

***

Zum ersten Mal in den fast zwei Wochen Arrest habe ich den ganzen Tag verschlafen. Bin nach dem Mittagessen eingeschlafen und erst nach dem Abendessen aufgewacht. Der Körper will die Frist verkürzen, wie er nur kann, und dem Zeitpunkt der Freilassung näherkommen. Nach dem langen Schlaf tagsüber ist mein Kopf schwer wie ein Stein und zieht mich wieder runter auf den Grund des Bettes. Aber schlafen will ich nicht mehr.

In der Zelle sind alle Gegenstände am Boden festgeschraubt: Bett, Bänke, Tisch. Es fühlt sich an, als würde ich allmählich auch an einer Stelle festgeschraubt. Ich bin steifer geworden, obwohl ich mechanisch meine Gymnastik mache und keinen Hofgang auslasse. Heute Morgen hat mich ein Sonnenfleck an der Wand über meinem Bett gefreut. Doch selbst er war vom Schatten des Fenstergitters zerteilt. Wenigstens haben sie nicht die Macht, auch Sonnenkringel mit Schrauben zu befestigen.

Mein Aufenthalt hier hat mich dem Verständnis von Freiheit bisher keinen Deut nähergebracht. Ich mache meine oberflächlichen Beobachtungen, sehe aber keinen besonderen Sinn darin.

Dafür hat Olja wegen meiner Langeweile etwas über die Mülldeponie bei Schijes erfahren und über Ausländische Agenten. Und über den Fall DOXA. Und über Julia Zwetkowa. Nach jeder Erzählung hat sie gestöhnt und die Faust an den Mund gepresst und ist dann ans Fenster rauchen gegangen. Ich bin mir nicht sicher, ob diese ganzen Informationen sie glücklicher machen.

***

Das Zuggefühl ist wieder da. Als ich heute mein Morgenbuch las, sackte ich vor Schwäche immer wieder zur Seite, zur einen, zur anderen, wie im Takt unsichtbarer Schläge. Die letzten beiden Tage habe ich fast nichts gegessen, von allem wurde mir übel.

Mein Zug nähert sich allmählich der Endstation: wenn nichts dazwischenkommt, bin ich übermorgen zu Hause. Heute ist der 21. Februar. Wenn ich meinen Mann und meine Freunde vorm Tor der Vollzugsanstalt treffe, möchte ich unbedingt gut aussehen, frisch und munter; ich glaube, sie haben all die Tage mehr durchgemacht als ich. Und sie haben es verdient zu sehen, dass ihre Fürsorge mir wirklich geholfen hat.

In den zwei Wochen bin ich dünner geworden. Zweimal habe ich den Gewichtsverlust bemerkt – nach dem ersten Gerichtstermin und nach der Berufung. Mittlerweile haben sich hier so viele Sachen angesammelt, dass ich seit gestern Abend überlege, wie ich sie in einer Tasche unterbringen kann. Es soll nur eine sein, damit ich beim Rauskommen einen Arm frei habe, um Leute zu drücken, und damit ich mobiler bin.

Ich habe vierzehn Bücher hier, einen riesigen Kulturbeutel, Kissen, Wolldecke, Matratze, meine Bettwäsche. Die Matratze muss leider hierbleiben, sie ist monströs groß, ich kriege sie nicht weg.

In den letzten Tagen rede ich wenig. Aber für die Sprache ist das vielleicht sogar gut. Das Gefühl, dass die Sprache auf null gesetzt wurde, ist nicht gerade der beste Ausgangspunkt fürs Schreiben, aber dafür spielt sich auch dort eine Revision ab: mir kommen alle Poetiken abhanden, die eigenen ebenso wie die anderer, und ich muss mich daran erinnern, wie es sich mit einem Minimum an Metaphern spricht. Anscheinend nur mühsam.

***

Heute sind mir zwei Anzeichen für die bevorstehende Freilassung aufgefallen:

- ich habe meine im Moment noch phantomhaften Ringe an den Fingern gespürt und hätte beinahe angefangen, sie nach alter Gewohnheit zu drehen;
- als ich aus dem Fenster guckte, habe ich das Gitter nicht gesehen, obwohl es da war. Die Augen haben es automatisch ausgeblendet und den Fensterblick unversehrt rekonstruiert. Ich freue mich an der ausladenden Tanne, ihr Anblick ist viel schöner als der Blick aus meiner Mietwohnung im Plattenbau.

Ich warte auf das letzte Päckchen von draußen. Den größten Teil meines Essensvorrats hat, ohne zu fragen, Sascha verschlungen, als sie noch bei uns war. Übrig ist, was ich nicht mehr runterbringe: Nüsse, Zwieback, Fertigsuppen. Es wäre kein Problem, damit zwei Tage hinzukommen, aber ich habe jeden Abend Magenschmerzen.

Am 6. April 1943 wurden die Eheleute Elise und Otto Hampel hingerichtet (im Gefängnis Berlin-Plötzensee). Wegen der Verbreitung von Texten gegen Hitler und den Faschismus auf Postkarten und Handzetteln in der Zeit von 1940 bis 1942. Die Karten begannen sie zu verbreiten, nachdem ihr einziger Sohn gefallen war. Er war Arbeiter, sie Haushaltshilfe.

Ich lese jetzt Hans Falladas Roman »Jeder stirbt für sich allein«. Mascha Aljochina in Zelle 7 hat ihn an mich weitergegeben. Mascha sitzt aufgrund derselben irrwitzigen Anklage wie ich, Paragraph 20.3, Propagieren von Nazismus und Extremismus. Während ich für die Veröffentlichung eines Ausrufungszeichens bestraft werde (das Logo von Nawalnys Organisation), also wegen Extremismus, ist es bei Mascha ein Post von 2015 mit einer Abbildung des indischen Sonnensymbols, das das Gericht zum Hakenkreuz erklärt hat. So sitzen wir also hier, die Extremistin und die Nazi-Frau, und geben uns von Zelle zu Zelle antifaschistische Bücher über Kriegsgräuel und Rassismus weiter. Und Russland droht der Ukraine immer noch mit einer militärischen Invasion. Der helle Wahnsinn. Im Radio kriege ich nur Nachrichten von regierungstreuen Sendern, daraus kann ich mir wenig zusammenreimen. *Gibt es etwa wirklich Krieg?*

In der siebten Klasse habe ich meinem Aufsatz über Peter den Großen zufällig den Titel »Vom Herzen zur Sonne« gegeben, ohne die leiseste Ahnung vom Kontext dieser Wendung. Mir kam es vor, als hätte ich sie selbst erfunden und als sei das einfach ein Bild für die Verbindung zwischen Mensch und Welt. Es wäre ein Witz, wenn sie den Aufsatz irgendwo ausgraben würden, um mich ein zweites Mal nach 20.3 einzusperren.

***

Abends brachte man eine Politische in unsere Zelle! Die Aktivistin Anna Kretschetowa. Das war ein sehr freudiger Moment, trotz der äußeren Umstände. Dann berichtete sie, was es politisch Neues gab in der großen russländischen Welt, und die Freude verflüchtigte sich.

Anna ist wegen einer Antikriegskundgebung verhaftet worden. Sie sagt, keiner wolle ihr glauben, dass es Krieg geben würde. Mir wird ganz anders. Ich glaube Anna auch nicht, und ebenso wenig traue ich meinen Vorahnungen.

Mit Gesprächen über Aktivismus ging der Tag schnell vorbei. Anna ist zart, still und unglaublich freundlich zu allen. Sie bat mich um ein Interview über Aktivismus und Politik und notierte rasend schnell, was ich sagte. Dann tauschten wir die Rollen, und ich interviewte sie.

Je näher die Freilassung rückt, desto weniger schreibe ich. Ich bin müde und habe in den letzten Tagen fast alle Rituale aufgegeben, die ich hier gepflegt hatte: meine ganze Kraft ging dafür drauf, nicht zusammenzuklappen.

***

W.

Ich schaue auf deine knochigen Finger, und dein ganzes Wesen liegt vor mir auf der Hand. Ich ziehe in aller Öffentlichkeit deine Ringe ab und berge sie in meiner Faust wie eine Zauberin. »Eingesackt!«, sage ich und bin plötzlich nahe daran loszulachen. Du blickst zärtlich über meinen Kopf weg, und von diesem Blick fühle ich mich, als hätte man mir eine schwere Karaffe mit eiskaltem Wasser auf den Bauch gestellt und gesagt, ich dürfte sie nicht umkippen. Ich muss lachen, und sie kippt sofort um, und das Wasser fließt über meinen ganzen Körper, allerdings ist es nicht kalt, sondern warm.

Du steckst dir eine Zigarette an, und unser Reden verwandelt sich allmählich in abendliches Kinderlallen. Im

Laufe des Gesprächs müssen wir mehrere Male von neuem erwachsen werden. Die Routen dieses beschleunigten Erwachsenwerdens ähneln alten Trampelpfaden, und ich demonstriere, wie wir ihnen folgen, indem ich Zeige- und Mittelfinger zu einem nervösen Menschlein falte und es über deine Brust auf und davon rennen lasse. Genau so verhalten sich Erwachsene.

Nichts zu machen, es ist Krieg – aber die Menschen gehen einander trotzdem entgegen. Die Häuser anderer Menschen wurden mit den Wurzeln aus der Erde gerissen und in die Luft gehängt, halb Haus, halb Baum, sie schaukeln auf den Wellen der Erinnerung. Wir dagegen erzählen uns über unsere unversehrten Häuser, als könnte jeder einfach so in seins zurückkehren, als gäbe es Orte, wohin wir gehen könnten, als gäbe es Räume, in die wir einander für eine Nacht mitnehmen könnten. Indem wir einander entgegengehen, verlassen wir den Raum des von uns entfesselten Krieges nicht, wir machen ihn mit Umarmungen und Küssen wohnlich. Und verachten uns dafür.

Manchmal sehe ich unser Haus, unseren Garten, unser gemeinsames Erwachen. Aber quasi in der Vergangenheit, als wäre all das schon passiert. Die Zeit stülpt sich um, die Menschen kommen durcheinander: mal denken sie nach zweitägiger Bekanntschaft, sie würden sich schon ihr ganzes Leben lang kennen, mal verlassen sie, nachdem sie jahrelang zusammengelebt haben, für immer einen One-Night-Stand. Schnee fällt von unten nach oben, Blütenblätter versammeln sich von neuem rund um die Blüte, Tränen fließen statt aus den Augen in sie hinein, Blut sickert in die Wunde. Menschen begrüßen sich bei ihrer ersten Begegnung mit den Worten »ich liebe dich« und leben lange und glücklich bis zum nächsten großen Knall.

***

23. Februar. In fünf Stunden soll ich meine Zelle verlassen. Heute Morgen fiel zum ersten Mal der Kontrollgang aus. Auf meine Frage nach dem Grund sagte der Aufseher, die Mitarbeiter seien heute nicht da, man habe sie zu Wehrübungen und Schießtraining abkommandiert. Russland hat die sogenannten Lugansker und Donezker Volksrepubliken anerkannt. Ich setzte mich auf den Zellenboden und legte mir die Arme über den Kopf. Nicht vergessen, Mama zum Geburtstag zu gratulieren. Vater gratuliere ich zum »Tag des Vaterlandsverteidigers« natürlich nicht.

Vor der Entlassung in die Freiheit habe ich in meiner Zelle einen kümmerlichen Einzelprotest abgehalten. Mit Filzstift habe ich auf ein Blatt geschrieben: »Der Krieg tötet aktiv, während seine Verursacher schlafen.« Als ich diese Wörter schrieb, gab es noch kein Butscha, kein Kramatorsk, kein Irpin, es gab noch keine Raketen, die in Plattenbauten rasten, keine Detonationen über Kyjiw und Lwiw, keine Zehntausende frischer Gräber, keine Tausende von Fotos toter Körper in unnatürlichen Posen, alle waren am Leben, alle schliefen in ihren Betten, in ihren Häusern, ihre Kinder und Tiere an sich gedrückt, es gab noch nicht den Buchstaben Z in jeder russländischen Stadt. Ich sitze in der Zelle, in Moskau, in Russland, zu Hause – und ziehe die Buchstaben zehn Mal mit dem Filzstift nach. *Während seine Verursacher schlafen.*

Vorm Tor der Vollzugsanstalt erwarten mich meine Freunde und Liebsten. Ich trage Blumen und meine Habseligkeiten. Man bringt mich auf Schleichwegen in eine fremde Wohnung, damit ich nicht zum zweiten Mal bei mir zu Hause verhaftet werde. Mein altes Handy wird weggeworfen, ich kriege ein neues. Am 24. Februar wird die Invasion beginnen. Am 25. Februar werden wir die Gründung der Feministischen Antikriegsbewegung bekanntgeben. Viele von uns werden Russland verlassen, um Hausdurchsuchungen, Folter und Strafverfolgung zu entgehen. Viele von denen, die in Russland bleiben, werden uns hassen.

Danse Macabre

1

die Revolution wird kommen – sie wird deine Augen
haben
Augen, geöffnet in der Dunkelheit:
sieh, wie die Protestierenden sich tastend suchen
sich nach der Frage »darf ich?« liebkosen
wie sie sich küssen, Genesene, jetzt ohne Maske

als sie uns verboten, uns einander zu nähern
fiel Schnee
als sie verboten, sich einzeln aufzustellen
hörte der Schnee nicht auf
als sie uns verboten, uns voreinander auszuziehen
fiel der Schnee in unseren Häusern
verschüttete unser Bett
weiß und steril steht es da
wie sie es wollten

was ist deine Lieblingsfarbe?
die Farbe von unvergossenem Blut
Blut, das ich nicht sehe
aber mir vorstelle
als Freiheit

als wir auf die Straße gingen, um Schaufenster zu
zerschlagen
fiel Schnee
wir zerbrachen nicht Glas, sondern Eis
so viele Jahre hatte es den Fluss gestaut

dass er jetzt auf die Straßen trat
wir wissen, Eis ist kostbarer als Blut
zerschlagenes Glas ist morgen vernarbt
und die Waren stehen wieder an Ort und Stelle
in ihren alten Platz gerenkt
die Körper aber bleiben verstümmelt
zugeschüttet
versteckt vor fremden Blicken
du fragst die ganze Zeit
was ist unterm Schnee
was ist unterm Schnee
ich antworte –
Schnee

2

manchmal auf dem Höhepunkt der Party
wenn wir tanzen
jung neongrell opak einander berührend
und im Kopf im Hohlraum
die Namen von Umgekommenen und Gefangenen
  ineinander übergehen
stelle ich mir vor, dass es nie Morgen wird
dass man mich im Schnee bei den Gleisen findet mit
  abgetrenntem Kopf
dass Polizisten mich vergewaltigen
dass ich in den Nachrichten als Unfall ausgewalzt
  werde
oder als eine mit langer Haftstrafe

o Tod, ich würde nie Gevatter zu dir sagen
zu dir passt besser das Bild der Rossija
der jungen Frau, die mich aus den Flammen trägt
der Frau, die ihr eigenes Haus ansteckt

48 »Ach, was hast du mir getan« – Lied von Valentina Tolkunowa (1946-2010), 1982.

50 R.W. Midinski – Verballhornung von Wladimir Rostislawowitsch Medinski, (notorisch unbelesener) Kulturminister Russlands 2012-2020.

50 GBOU BGUK – Spiel mit dem Abbreviatur-Wahn sowjetischer und russländischer Einrichtungen. Ungefähr: Staatlich Finanzierte Bildungseinrichtung Staatsfinanzierte Einrichtung für Kultur.

52 die Stimme von Jegor Letow – charismatischer Punk-Musiker des »sibirischen Undergrounds«, Gründer der Band Graschdanskaja Oborona (Zivilverteidigung). Sein Lied »Wir sind das Eis unter den Füßen des Majors« vom Album *Totalitarismus* stammt aus dem Jahr 1987. Die Figur des Majors spielt auf einen KGB-Offizier an, der Letow verhörte; der Musiker saß 1985/86 vier Monate lang zwangsweise in einer psychiatrischen Einrichtung.

55 DIE VORLIEGENDE MITTEILUNG – Text, den zum ausländischen Agenten erklärte Personen oder Organisationen jeder (auch in sozialen Medien geposteten) Mitteilung in dieser Form voranschicken müssen.

57 Doch sie macht drei Sprünge den Gaumen herab – in Anlehnung an einen der ersten Sätze von Vladimir Nabokovs »Lolita«. Ü. Helen Hessel u. a., Bd. 8 der Gesammelten Werke, Hg. Dieter E. Zimmer, Reinbek 1989, S. 13.

64 ich werfe … eure Stimmzettel ein – verbreitete Wahlfälschung in Russland, falsche Stimmzettel werden stapelweise in die Wahlurne geworfen. Videoaufnahmen haben zahlreiche solche Manipulationen seit den 2010er Jahren festgehalten.

64 Unser Land ist voller schlafender Institutionen – Den Begriff prägte die russländische Politologin Jekaterina Schulman, es geht um dem Gesetz nach existierende Strukturen (z.B. das Parlament), die jedoch nicht funktionieren, weil Entscheidungen von anderen Institutionen getroffen und durchgesetzt werden (z.B. von Vertretern innerer Machtzirkel, der Armee).

68 »Der Waldhirsch kommt zu mir auf mein Geheiß« – Extrem populäres Lied aus dem Kinderfilm *Och usch eta*

Nastja! (Ach, diese Nastja!) von 1971 (Regie: Juri Pobedonoszew), Text: Juri Entin, Musik: Jewgeni Krylatow, gesungen von Aida Wedischtschewa. Das Zitat ist leicht verändert. Der Waldhirsch steht für Fantasie, Emotionalität und Veränderung.

78 »Wo wart ihr die acht Jahre?« – Propagandistische Frage, von russländischen Befürwortern der aktuellen Kriegspolitik an deren Kritiker gerichtet; die Frage bezieht sich auf den vermeintlichen Genozid an der Bevölkerung der russländisch kontrollierten sogenannten Volksrepubliken Donezk und Lugansk durch die Ukrainer, dem die jetzigen Antikriegsaktivisten seit 2014 angeblich tatenlos zugesehen hätten.

79 das Wiederholte/wiederholen können – »Wir können das wiederholen« ist eine staatspropagandistische Losung, die auf den Sieg der UdSSR im Zweiten Weltkrieg anspielt und die Drohung enthält, dass die Russische Föderation Europa und insbesondere Deutschland bekämpfen und besiegen könne.

79 OMWD – Otdel MWD, wörtl. Dienststelle des Innenministeriums. Polizeidienststelle auf regionaler oder kommunaler bzw. Stadtbezirksebene. Das Twersker OMWD befindet sich im Twersker Bezirk von Moskau. Entspricht im Deutschen ungefähr dem Begriff Polizeidirektion.

85 art 54/§ 20.2. – Artikel 54 der Russländischen Verfassung: 2. Niemand darf für eine Handlung bestraft werden, die zum Zeitpunkt ihrer Begehung keine Straftat war. Paragraph 20.2 des Gesetzbuches über Ordnungswidrigkeiten: Verstoß gegen das ordnungsgemäße Verfahren der Organisation oder Durchführung einer Versammlung, Kundgebung, Demonstration, eines Umzugs oder einer Mahnwache.

90 Galina Rymbu – feministische Dichterin, Essayistin, Aktivistin, geb. 1990 in Omsk. Studium und Lehr- sowie Kuratoren-Tätigkeit in Moskau und St. Petersburg. Seit 2018 lebt sie in Lwiw, Ukraine.

94 Kira Jarmyschs Buch »Abenteuer in der Frauenzelle Nr. 1« – Deutsch unter dem Titel *DAFUQ*, aus dem Russischen übersetzt von Olaf Kühl, Hamburg 2021.

97 alles verläuft nach Plan – bezieht sich auf ein populäres

Lied (vom gleichnamigen Album von 1988) der Band Graschdanskaja Oborona (Jegor Letow) sowie auf Wladimir Putins wiederholte Versicherung, die »Spezialoperation« gegen die Ukraine verlaufe nach Plan.

97 Wir lassen die Unsren nicht im Stich – russländischer Propagandaspruch, bezogen auf die vermeintlich von Ukrainern in Bedrängnis gebrachten oder gar vom Genozid bedrohten Bewohner des Ostens der Ukraine (teils ausgeweitet auf andere »ethnische Russen« außerhalb des Staatsgebietes der RF), denen beigestanden werden müsse.

98 um weder Land noch Grab – veränderte Anfangszeile des Gedichts »Stanzen« von Joseph Brodsky (1962). »Weder Land noch Friedhof / will ich mir aussuchen. / Auf die Wassiljewski-Insel / komme ich zum Sterben …«

98 um den Buchstaben Z mit Leichen zu legen – Im Frühjahr 2022 stellten sich Kollektive zum Buchstaben Z auf, um ihre Solidarität mit dem Krieg gegen die Ukraine zu bekunden, darunter auch Patienten des Kinderhospizes in Kasan.

99 1488 – weitverbreitete Chiffre von Rechtsextremisten (die »Fourteen Words« des US-amerikanischen Neonazis David Lane und »Heil Hitler«, zweimal der achte Buchstabe des Alphabets).

100 Reden über Polowzer und Petschenegen – zwei nomadisierende Turkvölker, die im Mittelalter durch heute russische und ukrainische Gebiete zogen und unter anderem Kyjiw belagerten. Wladimir Putin verglich im April 2020 die Corona-Pandemie mit den Heimsuchungen der Polowzer und Petschenegen, die die Russen seinerzeit ja auch bezwungen hätten. Die Äußerung ging im Netz viral.

102 wir liefen jeden Tag mit Plakaten herum – Aktion #tichipiket, etwa: stiller Protest. Darja Serenko trug bei Fahrten in öffentlichen Verkehrsmitteln ein Jahr lang (2016/17) Plakate mit einer Botschaft (zu feministischen, antirassistischen, literarischen und anderen Themen). Daraus entwickelten sich zahlreiche Gespräche. Die Aktion weitete sich auf Dutzende von russländischen Städten aus und wurde auch in einem Buch dokumentiert (2020, AST Verlag).

109 Marina Tjomkina (Temkina) – russische Dichterin und Künstlerin, geb. 1948, seit 1979 in den USA. Das Zitat be-

schließt das Gedicht »Zaplatschka«, Klagelied, von 2017 (»Sei ein braves Mädchen und lass zu, dass sie dich fressen.«).

109 »Mädchen, ach Mädelchen, Augen so blau« – zitiert aus einem Hit des Sängers Schenja Beloussow (1964-1997) von 1993. Die Zeile lautet ursprünglich: »Mädchen, ach Mädelchen, Nächte so lau«.

112 Fracht 200 – steht für den Transport der Leichen gefallener Soldaten in der RF.

118 Kurjochins frühe Musik – Sergej Kurjochin (1954-1996), Pianist, Komponist, Jazzmusiker (zeitweiliges Mitglied von Aquarium, Gründer von Pop-Mechanika), unterstützte 1995 Alexander Dugins Nationalbolschewistische Partei. Dessen Tochter Darja kam im August 2022 bei einem Terroranschlag, der vermutlich ihrem Vater galt, ums Leben.

123 schnüffelten nach dem Herunterkippen starken Alkohols … – Traditionell wird in Russland gleich nach dem Heruntertrinken von einem Glas Wodka ein Happen gegessen (ein Stück Speck, Wurst, Gurke); geht das nicht, schnüffeln Trinker hörbar (symbolisch) an etwas, was entfernt nach Lebensmitteln riechen könnte (ein schmutziger Jackenärmel zum Beispiel). Hier eine sehr eigentümliche Spielart.

133 mächtiger Wille, gewaltiger Ruhm – dritte Zeile der Nationalhymne Russlands (Text: Sergej Michalkow).

135 Hier zitiert nach einem auf Russisch veröffentlichten Interview mit Gayatri Spivak (»Kritičeskaja blizost': Interv'ju s Gajatri Čakravorti Spivak«, Gefter, 28.9.2016).

137 ein einberufener Rapper aus Krasnodar – Ivan Petunin, Künstlername Walkie, 27 Jahre alt, sprang aus dem Fenster seiner Wohnung. In seinem Abschiedsvideo sagte er, er sei nicht bereit, aus welchen Gründen auch immer Menschen zu töten.

137 Wassil Makuch – im Jahre 1968, er war 40 Jahre alt.

137 Musa Mamut – geb. 1931, deportiert 1944. Zu zwei Jahren Lager verurteilt, als er und seine Familie 1975 »eigenmächtig« auf die Krim zurückkehrten (wegen Verstoßes gegen das Passgesetz). 1977 vorzeitig entlassen, 1978 unter demselben Vorwurf erneut angeklagt. Vor der drohenden Verhaftung zündete er sich an »als Zeichen des Protests gegen die Verletzung der Rechte der Krimtataren«.

139 »Die Selbstverbrennung der Narodowolzin« – Gemälde von Leonid Tschupjatow, 1928.

140 Das Symbol, für das ich verurteilt wurde – das Logo von Alexej Nawalnys Kampagne »Smarte Abstimmung«, ein Ausrufungszeichen in einem Stimmkästchen. Darja Serenko hatte es in einem Instagram-Post benutzt.

141 Julia Zwetkowa – LGBT-Aktivistin und feministische Künstlerin, geb. 1993, die wegen Verbreitung von Pornographie angeklagt worden war. Die Staatsanwaltschaft forderte mehr als drei Jahre Straflager. Im Juli 2022 wurde sie freigesprochen.

149 die Frau mit dem unerwünschten Gesicht – 2015 wurde in der RF das Gesetz über unerwünschte ausländische NGOs verabschiedet. Die Zusammenarbeit mit ihnen steht für russländische Organisationen wie Privatpersonen unter Strafe.

150 Die Erde ist am Roten Platz so rund geschnitten – Zeile aus dem Gedicht »Ich liege in der Erde, rühre meine Lippen« von Ossip Mandelstam, 1935. Die Übersetzung von Ralph Dutli lautet: »Der Erdball ist am Roten Platz so rund geschnitten.« (*Bahnhofskonzert: Das Ossip-Mandelstam-Lesebuch*, hg. und übersetzt von Ralph Dutli, Frankfurt am Main 2015.)

152 E-Zentrum-Mitarbeiter – Extremismus- oder E-Zentren, 2008 gegründet, sind spezielle Polizeiabteilungen, angeblich zur Bekämpfung von Extremismus, tatsächlich mittlerweile aktiv an der Unterdrückung der Opposition beteiligt.

155 »Nebel senkt sich auf den Schlaf der Stadt« – Lied der patriotischen, mittlerweile putinistischen Band Ljube (gegr. 1989), das die Arbeit von Kriminalbeamten rühmt und romantisiert.

158 der Wurm von Derschawin – im Gedicht »Gott« (1784) von Gawriil Romanowitsch Derschawin sagt der Mensch, er sei Zar wie Sklave, Wurm wie Gott.

175 der Fall DOXA – Repressionen gegen die Redakteure eines bekannten oppositionellen Online-Studentenmagazins.

177 Elise und Otto Hampel – Tatsächlich war der Tod von Elise Hampels Bruder an der Front in Frankreich Anlass für die Widerstandsaktivität der Eheleute. Hingerichtet wurden sie am 8. April 1943.

178 »Vom Herzen zur Sonne« – Umschreibung für den Hitlergruß, verbreitet unter Neonazis vor allem in Russland.

184 der jungen Frau, die mich aus Rauch und Feuer trägt – Anspielung auf das Idealbild einer Russin, das Nikolaj Nekrassow im 19. Jahrhundert in mehreren Gedichten darstellte und das ikonographisch wurde; russische Frauen seien imstande, ein galoppierendes Pferd aufzuhalten und ein brennendes Haus zu betreten (um Menschen oder Dinge zu retten).